做人之道

The Principles of Conducting Oneself

王德成 编著

山東文藝出版社

图书在版编目（CIP）数据

做人之道 / 王德成编著. -- 济南 : 山东文艺出版社, 2025. 5. --(中华传统美德格言集萃丛书).
ISBN 978-7-5329-7327-9

Ⅰ. D648-49

中国国家版本馆 CIP 数据核字第 2025UF0388 号

做人之道

ZUOREN ZHIDAO

王德成　编著

主管单位　山东出版传媒股份有限公司
出版发行　山东文艺出版社
社　　址　山东省济南市英雄山路 189 号
邮　　编　250002
网　　址　www.sdwypress.com

读者服务　0531-82098776（总编室）
0531-82098775（市场营销部）
电子邮箱　sdwy@sdpress.com.cn

印　　刷　山东新华印务有限公司
开　　本　880 毫米 ×1230 毫米　1/32
印　　张　6.25
字　　数　110 千
版　　次　2025 年 5 月第 1 版
印　　次　2025 年 5 月第 1 次印刷
书　　号　ISBN 978-7-5329-7327-9
定　　价　46.00 元

前言

中华文明源远流长、博大精深，孕育了中华民族宝贵的精神品格，培育了中国人民崇高的价值追求。中华传统美德是中华文化的精髓所在，积淀着中华民族最深层的精神追求，蕴含着中华民族最根本的文化基因，是中华民族生生不息、绵延不绝的道德支撑，也是担负新时代的文化使命、推进文化强国建设的动力之源。

党的十八大以来，习近平总书记高度重视中华传统美德的传承与弘扬，深刻指出中华传统美德是中华文化精髓，蕴含着丰富的思想道德资源，强调要实施公民道德建设工程，弘扬中华传统美德，引导人们向往和追求讲道德、尊道德、守道德的生活。特别是 2013 年 11 月，习近平总书记在曲阜考察时强调，要加强对中华优秀传统文化的挖掘和阐发，努力实现中华传统美德的创造性转化、创新性发展。习近平总书记一系列重要论述和指示批示要求，为新时代新征程赓续中华文脉、传承弘扬中华传统美德指明了前进方向，提供了重要遵循。

山东是中华文明的重要发祥地和儒家思想的发源地，有着丰厚的历史底蕴和宝贵的文化资源，“孟母三迁”“孔融让梨”等许多耳熟能详的美德故事都发生在这里。近年来，山东人民牢记习近平总书记嘱托，充分发挥“人文沃土可以深度耕作”的比较优势，把中华传统美德作为涵育社会主义核心价值观的重要源泉，在传承中创新，在创新中发展，推动全省公民道德素质和社会文明程度达到了一个新高度。

为深入学习贯彻习近平文化思想，贯彻落实习近平总书记对山东工作的重要指示要求，大力弘扬中华传统美德，更好发挥中华传统美德在培养时代新人、涵育时代新风中的重要作用，在山东省委宣传部的指导下，曲阜师范大学组织编撰了“中华传统美德格言集萃丛书”，共分《崇德之道》《做人之道》《做事之道》《待人之道》《持家之道》《爱国之道》《和合之道》七册。格言短小精悍、言简意赅、便于传诵，是讲述、传承、弘扬中华传统美德最通俗、最有效的方式。“天下兴亡，匹夫有责”的爱国之情、“民惟邦本，本固邦宁”的民本精神、“弟子入则孝，出则悌”的孝悌伦理、“言必信，行必果”的诚信之道等思想观念都凝练在中华传统美德格言之中。《中华传统美德格言集萃丛书》萃取朗朗上口、耳熟能详、简练而又寓意深刻的格言编纂而成，在辑选原则上，以“崇德”为统领，将中华传统美德分为“做人、做事、待人、持家、爱国、和合”六个递进主题，每个主题下细分三至五个子目。

为便于读者阅读和理解，本书以《中华经典名著全本全注全译丛书》（中华书局 2011—2023 年版）、《十三经注疏》（中华书局 1980 年版）、《二十四史全译》（汉语大词典出版社 2004 年版）等广受认可的经典名著为依据，对格言中艰涩难懂的字词加以注释，结合典故和案例对全句进行生动解读并引入拓展阅读，既提高了书籍的可读性，又有助于读者更深入地理解格言的内涵和精神、更好地培养良好的道德品质和行为习惯。

千帆一道带风轻，奋楫逐浪天地宽。编写这套普及读物，只是传承弘扬中华优秀传统文化的一种努力。新时代新征程，我们将始终保持礼敬传统、赓续文脉的炽热情怀，踔厉奋发，笃行不怠，努力为文化传承发展事业做出新的更大贡献！

编　者

2025 年 3 月

目录

二　自律自省

三　学以修身

一　仁者爱人

孝弟[1]也者，其为仁之本与！

出处

《论语·学而》

注释

[1] 弟：通“悌”，尊敬兄长。

译文

孝敬父母，尊敬兄长，就是仁的基础。

解读 这句格言出自孔子学生有若。有子曰：“其为人也孝弟，而好犯上者，鲜矣；不好犯上，而好作乱者，未之有也。君子务本，本立而道生。孝弟也者，其为仁之本与！”有子认为一个孝顺父母、尊重兄长而喜好触犯上层统治者的人是很少见的。不喜好触犯上层统治者而喜好叛乱的人是没有的。君子要致力于事务的根本，根本建立了，为人处世的大道也就有了。孝敬父母、尊重兄长，就是仁的根本！

孝，原指善事父母，即子女对待父母的正确态度。孔子认为对待父母正确的态度就是爱与敬，因为“至于犬马，皆能有养，不敬，何以别乎”，正是“敬”把对待父母和犬马的态度区分开来了，敬就是要有关爱、关怀、敬爱之心，不仅满足父母的物质需要，还要满足父母在精神生活方面的需求。

“弟”通“悌”，原指善事兄长，即弟弟对待兄长的正确态度。孔子认为对待兄长最好的态度就是尊重与恭敬、服从与理解、友爱并支持兄长。

孝悌的内涵涉及关爱，并且这种关爱是从自己最近的血缘关系开始的，所以说孝悌就是仁的基础。若对自己血缘关系最近的亲人都不能产生爱心，怎么会对他人有关爱之心呢？

这段话虽出自有若之口，但也代表了孔子的观点，其强调了孝悌不仅是立身之本，更是立国治世的基石。因为，在春秋时代，权位实行嫡长子继承制；

整个社会从天子、诸侯到大夫都是这样一种宗法血缘关系世袭制的结构，而孝悌正好符合了当时宗法制社会的道德要求。若父亲世袭了权位，父亲便是家族或者整个封地的绝对权威，父亲的嫡长子（哥哥）成为唯一合法继承人，家族内的其他成员就不能有非分之想的僭越行为。如果整个社会都遵循、践行孝悌的准则，就不会有犯上作乱的叛乱，天下必定太平。

处理好家庭关系是建立良好社会关系的基础。孝悌不仅是家庭内部关系和谐的根本，还会外化到社会关系。通过孝顺父母，人们可以培养感恩之心和责任感；通过尊敬兄长，人们可以学会团结和互助。因此，人们自觉敬爱父母、尊敬兄长，不仅能构建和谐的家庭关系，还能促进社会的稳定与发展。

拓展阅读

有若，春秋末年鲁国人，字子有，孔子弟子，后被尊称为有子。《史记·仲尼弟子列传》记载，孔子死后，孔子弟子们因有若的相貌酷似孔子，因而推选有若当老师。后有若学问不及孔子被赶下位来。有若对孔子无比景仰，认为没有一个人是可以高于孔子的。有若是最能理解孔子思想的学生之一，能从孔夫子的日常所作所为，推断孔夫子的言辞必有所专指。《礼记·檀弓》载，有子向曾子询问：“你在夫子那里，有没有听说过怎样对待丢掉官职？”曾子说：“倒是听夫子说过，丢掉官职，最好快点儿贫穷；去世了，最好快点儿腐朽。”有子说：“这不应该是君子所说的话。”曾子说：“这是我亲耳听夫子说的！我和子游都听到夫子这样说的。”有子说：“那么，我相信夫子应该说过这样的话。但是，夫子这样说一定是有所指的。”曾子把这番对话告诉了子游。子游说：“实在了不起，有子的话太像夫子了！夫子以前住在宋国，司马桓魋为自己制造石椁，用了三年的时间还未完成，夫子就说：‘像他这样奢侈，去世了，还不如早点儿腐烂为好。’这是针对司马桓魋说的。南宫敬叔丢官以后，每次回国定会带一车珠宝进献给国君。夫子说：‘像他这样行贿求官，官职丢了，还不如早点儿贫穷。’丢掉官职，这是针对南宫敬叔说的。”曾子将子游的话说给有子听，有子说：“这就对了。我之前就说过‘这不像夫子说的话’。”曾子说：“你是如何知晓的呢？”有子说：“夫子当中都宰时，曾经规定，内棺四寸厚，外椁五寸厚，从这里可以看出人死了就快点儿烂掉，夫子是不主张的。夫子之前舍弃鲁国司寇的官职，来到楚国做官，就先派子夏去安排，接着又派冉有去帮办，这点可以看出丢了官就速贫，夫子也是不主张的。”从这个事例来看，说有子是最懂孔夫子的弟子不为过。

知[1]者不惑，仁者不忧，勇者不惧。

出处

《论语·子罕》

注释

[1] 知：通“智”，智慧。

译文

有智慧的人不迷惑，有仁德的人不忧愁，勇敢的人不畏惧。

解读

这句格言不但强调了仁爱之人的优点，即没有为己之私的忧愁，而且阐明了智仁勇三者相辅相成的关系。

知者不惑，强调有智慧之人不为外界所迷惑。智慧是智商和情商的结合，强调的是人对是非、善恶、曲直和事物本质的认识以及应对和解决问题的能力。具有智慧的人，能够看到问题的多方面，考虑各种可能性，能做出明智的决定。比如：与他人相处时，能理解他人的需求和感受，会用适当的方式与他人进行沟通和交流，这是以对他人的关爱为前提的；面对利益诱惑时，能对这种利益进行全面分析和长远考虑，分析其背后的风险以及得到这种利益是否符合社会规范，从而趋利避害，这是以对社会的关爱和责任担当为前提的。所以，有智慧的人能够始终明确自己的需求和目标，不被眼前的事物所迷惑。

仁者不忧，强调的是有仁德的人不为自己的私利忧虑，不计较个人得失。仁者忧国忧民，不对个人利益患得患失。有仁德之人，能够以推己及人、兼济天下的胸怀，将个人的生存和发展与他人和社会相联系。

有仁德之人不为自己的私利忧虑，因为其个人的需求与愿望，是促进社会的和谐与进步。只有实现社会的和谐进步，才能有每一个个体的美好幸福生活；而社会的和谐进步需要每一个个体无私的付出与奉献。有仁德的人身体力行地抛弃个人的私利，并以无私而坚韧的爱，为世人的生存和发展贡献自己所能，甚至不惜牺牲自己的生命。有仁德之人的这些德行表现，是以强烈的责任感和丰富的智慧为基础的，否则只能痴心妄想、画饼充饥。所以，从个人利益这方面来说，有仁德之人没有任何私心和私利可图，又有何所忧呢？

勇者不惧，不是说勇者无所畏惧，而是指合乎道义的事要勇于担当。孔子认为，“君子有勇而无义为乱”，即不合“礼”或“义”，勇就是“乱”，比如为了所谓的“江湖义气”，好勇斗狠，就是给他人和社会增添混乱的行为。因为合乎道义，顺应人们和社会的需要，有民众作为强大的支持，勇者自然无所惧了。只要遇到正义的事，不计较个人的得失，能够积极担当作为，都是勇的表现。勇者的这种德行表现，没有仁爱之心和丰富的智慧也是不能实现的。所以，勇者因爱而有智慧，勇于担当，从而维护社会公平正义。

“知”“仁”“勇”三者之间紧密联系、相辅相成。《中庸》认为“知、仁、勇三者，天下之达德也”，具备了“知”“仁”“勇”，自然也就达到了德。“知”“仁”“勇”三者是相互作用的。有智慧的人能正确认识自己，知道自己的不足，勇敢地面对现实，通过努力学习提升自己，使自己有智慧为他人和社会贡献爱心和力量，越有爱心就越勇敢，越勇敢就越勇于增加智慧，所以这是一个往复循环的过程。

这句经典格言在新时代仍在激励我们努力干事创业。2022 年 11 月 18 日习近平主席在亚太经合组织第二十九次领导人非正式会议上的讲话中说：“中国古人说：‘知者不惑，仁者不忧，勇者不惧。’新形势下，我们要携手构建亚太命运共同体，再创亚太合作新辉煌。”只有各国行天下之大道，和睦相处、合作共赢，才能实现亚太和世界的和平稳定。

拓展阅读

“君子忧道不忧贫”，出自《论语·卫灵公》。孔子说：“君子谋道不谋食。耕也，馁在其中矣；学也，禄在其中矣。君子忧道不忧贫。”孔子认为，君子谋求道而不谋求衣食。耕田，常会有饥饿；学习，则能得到俸禄。君子忧愁的是不能求得道，而不是为贫困忧虑。所以说，“仁者不忧”并不是仁者对所有的事情都不忧愁，人皆有负面的情感，仁者也不例外。只是仁者内心有更高境界的追求，所以不会因为外界的物质因素而忧愁。

樊迟问仁。子曰："爱人。"

出处

《论语·颜渊》

译文

樊迟问什么是仁。孔子说："爱人。"

解读

《论语》是儒家学派经典著作之一，成书于战国时期，由孔子的弟子及其再传弟子编撰而成，记载了孔子告知弟子如何为人处世及所需德行修养的言论，集中体现了孔子济世救民的思想主张。

这句格言阐明了仁就是爱人，仁的德行就是互相关爱和尊重，肯定人的价值和尊严。

在《论语》中，孔子的弟子樊迟曾三次“问仁”。另外两次分别是:《论语·雍也》中樊迟问仁。孔子说：“仁者先难而后获，可谓仁矣。”意思是有仁德的人先付出艰苦的努力，然后得到收获，这样可以说是有仁德了。《论语·子路》中樊迟问仁。子曰：“居处恭，执事敬，与人忠。虽之夷狄，不可弃也。”意思是平日在家态度恭敬，办事严肃认真，对人忠心真诚。即使到了文明未开化之地，也不能放弃。

孔子所处的礼坏乐崩的时代，统治集团内部为了争夺利益和权势，“子弑父”“臣弑君”等僭越周礼的行为愈演愈烈，导致战争杀戮不断。时人困惑怎样才能回归人与人的正常关系，孔子给出的答案是人与人之间要相互关心和爱护，这样就能正确处理人与人的关系。

孔子说的“爱人”是一种普遍的人类之爱。《论语·学而》中孔子提倡“泛爱众，而亲仁”，即关心广大民众，接近有仁德的人。这就强调真正的仁，就是具有关爱他人、尊重他人、帮助他人的爱心与博大的胸怀，表达的是一种无私的情感。

这启示人们在社会生活中人与人之间要相互关心和爱护，构建和谐的人际关系。在人类社会生活中，每个人都是独一无二的个体，每个人的生活习惯、观念和情感难免有差异。因此，彼此之间的矛盾在所难免。只要双方能够相互关心和爱护，就没有化解不了的矛盾，就能形成和谐的人际关系。

当下，只要秉承“仁者爱人”的理念，校园霸凌等很多社会问题就会迎刃而解。青少年正处于人生观和价值观形成的关键时期，接受孔子“仁者爱人”的理念，学会关爱他人，懂得珍惜同学之间的友谊，就不会做出伤害他人的行为。

拓展阅读

“仁”在《论语》中出现了109次，其中“爱人”是孔子对“仁”的基本定义，也是“仁”最核心的内容。孟子也强调“仁”的内涵是“爱人”。从春秋战国时期的孔孟到宋代的程朱等历代大儒，都把“仁”作为最高的道德准则。“仁”作为德行修养的宗旨和根本，对中国人的立身处世、为政治国产生了重大影响，“仁者爱人”成为中华人文精神的重要体现。

仁者必有勇。

出处

《论语·宪问》

译文

有仁德的人，一定是勇敢的。

解读 这是孔子在谈到道德与言论、仁德与勇敢之间的辩证关系时提出的观点。他认为，“有德者必有言，有言者不必有德。仁者必有勇，勇者不必有仁”。有德的人一定有好的言论，但有好言论的人不一定有德。有仁德的人一定勇敢，但勇敢的人不一定有仁德。这说明言论和道德、勇敢和仁德不能画等号，告知人们不能以言论和勇敢来评价一个人。

“仁者必有勇，勇者不必有仁。”这说明在勇敢与仁德之间，仁德居于核心地位，勇敢只是仁德的一个方面，二者不能画等号。

“仁者必有勇”强调了仁者的内心深处具备一种超越常人的勇气和力量。孔子认为，仁者维护公平正义，不考虑自己的私利，敢于担当，并且“仁者”的“勇”是合乎道义的勇。仁者的勇敢来自内心对道义的坚守，不会畏惧任何邪恶力量，即使受到生命威胁，也不会退缩半步，具有杀身成仁的决心和勇气。

自古至今，每当危难之际和危急关头，就会有“仁者必有勇”的故事发生。《左传·襄公十年》记载：“孟氏之臣秦堇父辇重如役。偪阳人启门，诸侯之士门焉。县（悬）门发，郰人纥抉（托）之以出门者。”鲁国孟氏的家臣秦堇父，驾车运送辎重攻打偪阳国，偪阳人打开了城门，诸侯的士兵开始进攻入城。在战斗过程中，悬门（一种可以升降的城门）被放下，试图阻挡诸侯军队的进攻。叔梁纥（孔子父亲）勇敢地托举起了悬门，使得被困在门内的鲁国士兵得以逃脱。这段文字生动地讲述了春秋时期鲁国攻打偪阳国危难之际，孔子的父亲叔梁纥托举悬门搭救战友的英勇事迹。孔子的父亲如果没有对战友的关爱之情，在那种危险、混乱的时刻，首先想到的是自己逃命，但正是这种对战友的真挚关爱之情，让其忘记个人安危，勇敢地托举起了城门，避免了战友被关门围攻。

孔子的弟子子路好勇过人，孔子却认为子路的勇是勇而无礼，不是仁之勇。“仁者”的“勇”既要坚持道义原则，又不拘泥于具体的形式。比如孔子主张政治昏暗时谨言慎行，保全自己。若逞匹夫之勇，得罪昏君奸臣，遭遇刑戮，不算是勇。政治清明时善意直言，勇于担当是真勇。人们容易把有勇认为是有德，对于那种以退为进、讲究策略的勇则往往视为无德，这都是错误的认识。

拓展阅读

《中庸》认为“知、仁、勇三者，天下之达德也”。这三者是实现“五达道”的方法和手段。“五达道”即最基本的人伦关系。《中庸》认为：“天下之达道五，所以行之者三。曰：君臣也，父子也，夫妇也，昆弟也，朋友之交也。五者，天下之达道也。”君臣、父子、夫妇、兄弟、朋友这五种基本的人伦关系构成了社会关系的基本框架。“三达德”与“五达道”强调了个人修养与社会责任的统一。

圣人自知不自见①，自爱不自贵②。

出处

《老子》第七十二章

注释

① 自见：自我炫耀，自我表现。

② 自贵：自显高贵。

译文

圣人有自知之明，但不自我炫耀；自我爱护但不自显高贵。

解读

《老子》又称《道德经》，相传是春秋时期老子所作，是道家哲学思想的重要来源。

这句格言阐明了自爱不是以自我为中心，应该像圣人那样有自知之明，不去炫耀、抬高自己。

格言中的圣人，可以理解为圣明的统治者。为什么说“圣人自知不自见，自爱不自贵”呢？因为“民不畏威，则大威至。无狎其所居，无厌其所生。夫唯不厌，是以不厌”，即人民如果不畏惧统治者的威压，统治者就会以更大的威压，迫使人们屈服。这种威压一旦让人们居无定所，无所生计，人民必定揭竿而起，反抗压迫。只有不压榨人民，人民才不厌恶统治者。因此，圣明的统治者对于威压带来的后果要有自知之明，不要因权势显赫而忽略对人民的关爱；只有用爱己之心去爱人民，才会得到人民的支持和拥护。

“自爱不自贵”，则强调了一种自尊与谦逊的生活态度与处世方式，告诫人们在珍视自我、尊重自我的同时，也要保持谦逊，不可傲慢与自大。只有如此，才能得到他人的认可与支持，从而实现自身价值。

圣人深知，真正的尊贵不在于权势、地位或财富。因此，圣人不会刻意去追求外在的尊贵与荣耀，而是将自爱之心扩展至广大民众身上，让广大民众住有所居、皆有所食。

圣人这种“自知不自见、自爱不自贵”的理念

在历史上影响深远。东汉末年的刘备虽为汉室宗亲，却以仁德为怀，广施仁义，闻名乡里。他体恤百姓疾苦，重视民生，以民为本，倾听百姓的呼声，轻徭薄赋，使得百姓得以休养生息，生活安稳。因刘备对待百姓如同父母、子女一般，他得到了百姓的衷心爱戴与拥护。在百姓眼中，刘备是一个能够保护他们的统治者。当刘备撤离樊城时，百姓们自发选择跟随刘备渡江南撤，因而便有了著名的携民渡江的历史故事。刘备赢得民众的信赖不是依靠自身皇室宗亲的尊贵社会地位，而是百姓对刘备仁义之名的敬仰，以及对正义与安宁的向往。

这句格言对人际交往和社会发展也有重要的启示。要成为一个让他人真心认可和尊重的人，不要凭借权势、财富与地位，更不能以自我为中心；而应该利用自己具备的便利条件，以自爱之心去关爱他人的生存和发展。这样有利于构建和谐的人际关系，为社会的发展作出贡献。

拓展阅读

老子所说的“无为”不是无所作为，而是一种顺势而为。在治理国家时，老子提倡减少不必要的干预，让民众和官员在人类生存发展规律的框架内自由发挥，实现社会的自然发展。老子认为，统治者只要遵循人类生存发展规律，不压迫民众，满足民众所需，就能获得民众的支持和拥护，使国家治理井然有序。

仁者，人❶也，亲亲❷为大。

出处

《中庸》第二十章

注释

❶ 人：这里指为人之道。

❷ 亲亲：第一个“亲”字用作动词，意为“爱”；第二个“亲”字是名词，指父母。

译文

仁，就是做人的道理，爱父母双亲是最重要的。

解读

《中庸》相传为孔子的孙子子思所作，其继承并发展了孔子思想中的中庸之道，即个人德行修养和社会实践活动要以和谐与平衡为原则。

《中庸》中的“仁者，人也”强调了人之为人的本质和特性，即人之所以与动物不同就在于人具有仁。动物为了生存，出于本能在自然界中消极地处理同类之间的关系。在人类社会的生存中，只有人积极地彼此处理好关系，才能更好地生存发展。

孔子指出仁就是爱人，即彼此的积极关心和爱护是人类文明的重要表现。称一个人为“仁”，就是对他为人处世的极大肯定。反之，称一个人为“不仁”，便是对他为人处世的批评和否定。

在人类社会生活中，首先面对的是父母、兄弟、夫妻、儿女以及家族中的成员关系，尤其是有血缘关系的至亲。在孔子的仁学中，亲亲是首要原则。

仁的本质是“爱人”，这种爱并不是对所有人都不加区别地给予同等程度的爱，而是要有主次、先后之分。一般来说，以血缘远近为尺度衡量亲疏关系，那么首先要爱自己的亲人。

在春秋时期，礼乐制度逐渐崩溃，各诸侯国不再严格遵守周礼，社会风气变得较为混乱，经常发生骨肉相残乃至弑父的事件。因此，在这种社会大动乱的情形下，安定社会、整顿社会伦理关系就成为主要任务。

在社会伦理关系中，最基本的就是父子等关系。孔子的仁学从亲情之爱出发，如此一来，外在的社会秩序就在自身找到了内在的根据。由此仁成为每个人都能遵守的道德准则。仁爱从爱父母、爱亲人开始，但又不局限于亲人，而是从个人拓展到家庭，再到整个社会。

这就启示人们，在人际交往中，多去关心和爱护他人，这是人性光辉的最好展现。正是有了人与人之间的关爱，才能展现出人类社会与弱肉强食的动物世界的不同。人类能够超越简单的生存需求，去追求更高层次的人与人之间的关爱。人不仅要考虑自己的利益福祉，也要关心他人的利益福祉。当然，这种关爱他人的德行，首先是从关爱自己的父母至亲开始培养的，只有对至亲的关爱才是没有功利性的真挚表达。

正是因为有了非功利性的关爱，在灾难面前，人们才会团结一心，共同战胜各种困难；人们才会向贫困地区伸出援手，帮助当地人民改善生活条件；人们才会关注和支持弱势群体，让他们感受到社会的温暖。

拓展阅读

“中庸”一词最早见于《论语·雍也》。子曰：“中庸之为德也，其至矣乎！民鲜久矣。”在孔子心目中，“中庸”是人性修养的最高德行。后世有人把“中庸”理解为折中、和稀泥，指为人处世没有原则。这种理解是错误的。“中庸”包括三层含义：一是“无过无不及”，指为人处世既不要不到位，也不要做过头，要恰如其分、恰到好处；二是“无适无莫”，指为人处世没有好恶、亲近疏远、厚薄之分，没有偏袒和私心；三是“无可无不可”，指为人处世要根据具体情况而定，不能依赖于已有成见或经验解决问题，要灵活变通。

爱人利物之谓仁。

出处

《庄子·天地》

译文

爱天下人且利于天下万物，才是真正的仁爱。

解读 《庄子》是战国时期庄子及其弟子所作，其对人与自然的关系、宇宙生成论、生命价值、美学等都有独到的见解和论述。

在《庄子·天地》篇中庄子提出：“无为为之之谓天，无为言之之谓德，爱人利物之谓仁，不同同之之谓大……君子明于此十者，则韬乎其事心之大也，沛乎其为万物逝也。”大意是，在覆载万物的道的统领下，以无为的心态去做事，就是自然；以无意的态度表达出来的，叫作德；爱天下人、利于万物，叫作仁；让不同的事物归于和谐，就是博大……君子如果懂得了这十个道理，就有了能够装下天地万物的远大心志，就能像百川归海一样万众所归。

庄子在这里把“仁”向更深层次、更宽领域拓展，从人推及至万物，强调不仅要“爱人”，而且还要“利物”。这与孟子提出的“亲亲而仁民，仁民而爱物”（《孟子·尽心上》）表达了同样的内涵。

所谓“利物”，是善待与利用万物，即要爱护自然界。自然环境是人类赖以生存发展的前提，没有大自然的馈赠，人类就没有赖以生存的物质条件，更不可能有辉煌的文明成就。

世界文明史上的古埃及、古印度、古巴比伦，曾创造了人类的辉煌文明，但这些文明相继消失了，自然环境的恶化是它们消亡的重要原因之一。楼兰古国曾是古代丝绸之路上的璀璨明珠，也因生态环境的恶化而湮没在历史的烟海中。这些例子都说明，遵循人与自然和谐共生的自然之道，才有人类的辉煌文明。中华民族在远古时代就有了人与自然和谐共生的理念，因而中华大地才能物产丰饶，哺育着代代华夏儿女。

虽然人类社会已经进入高度发达的信息时代，但地区间人与人的冲突问题、人与自然的关系问题，仍是人类生存发展中面临的挑战。人类需要认真领会、贯彻古人“爱人利物之谓仁”的理念。

拓展阅读

儒家讲仁，认为仁的核心是爱人。道家庄子也谈及仁，却更注重仁之本体。《庄子·外篇·天运》记载：“商大宰荡问仁于庄子。庄子曰：‘虎狼，仁也。’曰：‘何谓也？’庄子曰：‘父子相亲，何为不仁！’曰：‘请问至仁。’庄子曰：‘至仁无亲。’”世人都认为虎狼是凶残兽类，却不知虎狼也有父子相亲之情，这就是天性之仁。儒家讲“亲亲为大”，爱亲人是最重要的。庄子却提出“至仁无亲”，认为有亲疏之分就会有私，有私则有偏，有偏就是不仁。只有忘亲，也使亲忘我，进而兼忘天下，使天下忘我，才能真正合于大道。这里庄子把仁看作天性，即自然之性，其与孔子主张的人性是不同的。

爱人者，人恒爱之。

出处

《孟子·离娄下》

译文

爱别人的人，人们总是爱戴他。

解读 《孟子》是战国中期由孟子及其弟子等共同编撰而成的儒家典籍，记录了孟子与其他各家思想的争辩、对弟子的言传身教、游说诸侯等内容。

孟子提出："爱人者，人恒爱之；敬人者，人恒敬之。"爱别人的人，人们总是爱戴他；尊敬别人的人，人们总是尊敬他。这句话指出关爱和礼敬他人得到的最大回报就是他人的关爱和尊敬，爱和尊敬是双向互动的。

爱人者，因对他人关爱的需要，善于倾听他人的心声和需求，传递给他人关注和理解的感觉，这样就拉近了和他人的距离。爱人者不仅善于倾听他人心声，还把这种关爱转化为实际行动，愿意伸出援手，帮助那些需要帮助的人。爱人者的这种帮助，是主动且不求任何回报的。

爱人者即使面临困难和挑战，也会以乐观积极的心态，用自己的言行举止，向被帮助者传递正能量和积极的生活态度。汉朝有个姜肱，家里有两个弟弟，三兄弟感情非常好。一次，三兄弟在去京城的路上遇到了强盗。面对强盗逐渐逼近的短剑，姜肱挡在弟弟们面前，说自己可以死，请求强盗放过年幼的弟弟。弟弟们也同样请求保护哥哥。强盗非常感动，没有伤害他们，掠夺了一些财物就离开了。到达京城后，姜肱想给强盗一个改过自新的机会，就掩饰了其罪行。强盗听闻后很愧疚，主动来到姜肱的家，

归还财物并决心改过自新。

“人恒爱之”，是对爱人者最美好的回报。当“爱人者”关爱他人时，在不经意间已对他人播下了爱的种子。被关爱者不自觉地就会受到爱人者的影响，时刻感激爱人者的帮助和鼓励，在时机和条件成熟时去关爱他人，去回报爱人者。最终，那些曾经被爱人者帮助过的人成为新的爱人者，用爱的方式回报爱人者和社会，让人们的生存和发展条件变得越来越美好。

孟子“爱人者，人恒爱之”的经典格言，有力促成了中华民族相互关爱、相互支持的理念和行动，正是这种相互关爱、相互支持的理念和行动，让中华民族在经历风雨和挑战时，展现出无比强大的凝聚力和向心力，一次次攻坚克难，走向今天的繁荣昌盛。

拓展阅读

在人性论上，孟子主张“性善论”，认为人性本善。《孟子·公孙丑》指出：“所以谓人皆有不忍人之心者，今人乍见孺子将入于井，皆有怵惕恻隐之心。非所以内交于孺子之父母也，非所以要誉于乡党朋友也，非恶其声而然也。”之所以说每个人都有怜悯体恤别人的心，是因为，如果有人突然看见一个小孩要掉进井里面，任何人都会有担忧恐惧的恻隐之心。这不是为了跟小孩的父母攀交情，不是为了在邻里朋友间有好名声，也不是因为厌恶孩子的哭叫声才产生这样的心理。孟子提倡“仁爱之道”，即尊重他人、关爱他人，这也是这段话所传达的主要含义。

仁者无敌。

出处

《孟子·梁惠王上》

译文

施行仁政的人，是无敌于天下的。

解读　“仁者无敌”主要是针对统治者而言，是对统治者施行仁政的劝勉。这是梁惠王向孟子倾诉魏国三面受制、处处掣肘的苦衷，并请教报仇雪恨的计策时，孟子提出的主张。

孟子认为敌对国秦国、楚国有致命弱点：不断侵占老百姓的生产时间，使他们不能够深耕细作来赡养父母，致使父母受冻挨饿，兄弟、妻、子东逃西散，老百姓陷入生存发展的艰难困苦之中。秦国、楚国统治者的不仁之政，不能得到民众的支持和拥护。针对秦国、楚国这种对外穷兵黩武，对内残酷剥削压迫的情况，孟子从关心民众疾苦、体恤民情的仁爱思想出发，提出了“仁者无敌”的王道政治主张。具体如下：减免刑罚以表达统治者对民众人格的尊重和对身体健康的关怀；减轻赋税，以表达统治者对民众生活疾苦的关心，减轻民众的物质负担，改善民众的物质生活；让老百姓深耕细作及时除草，以表达统治者不滥用民力，不耽误农民的农业生产，为物质生活提供基础条件；让身强力壮的人抽出时间养成孝敬父母、敬爱兄长、为人尽心竭力、待人忠诚守信的品德，在家侍奉父母兄长，出门尊敬长辈上级。

孟子的上述主张，对民众不仅有物质生活方面的人文关怀和精神方面的引领，还符合了当时人们对安居乐业的向往。实行如此仁政的统治者，必定得到民众的支持和拥护。民众的支持和拥护是统治者最坚强的后盾。这体现了民众在国家、社会生活中的主体地位，也体现了儒家民本思想。

中国历史上不乏统治者施以仁政赢得民众支持、拥护以促进社会进步发展的事例。汉文帝刘恒在位期间，废除残酷的刑罚，减免百姓沉重的租税负担。汉文帝认为肉刑过于残酷，是不仁德的，因此决定废除肉刑，以笞刑代之。为了减轻百姓的负担，汉文帝减免租税，让百姓有更多的精力投入生产。汉文帝的仁政得到了百姓的广泛支持，国家政治清明，人民安居乐业。这些举措体现了汉文帝的仁德之心，促进了社会的和谐与稳定，为“文景之治”打下了良好的政治和社会基础。

拓展阅读

民本思想是儒家思想的重要组成部分，其强调民众是执政之基、力量之源，国家的稳定与安全依赖于民众的支持和拥护。儒家主张爱民、亲民，反对压榨、剥削民众；认为只有民众生活安稳舒适，国家才能稳定，社会才能安稳，统治者的统治才会长久。因此，执政者要以仁道治理国家，要“节用而爱人，使民以时”(《论语·学而》)，爱护民众，役使百姓要在农闲时节，不要影响农业生产。只有促进经济发展以改善人民生活，才能实现社会的和谐与稳定。孟子“以民为本”的思想，丰富发展了孔子为政以德的主张，对后世历代的国家治理模式有着深远的影响。

仁者自爱。

出处

《荀子·子道》

译文

有仁德的人，会自我关爱。

解读

《荀子》是战国末年荀况的著作，其中提出了著名的“性恶论”，认为人的本性是恶的，必须通过礼法的矫正和教育的引导才能“化性起伪”，让人走上善道。与此相适应荀子提出了“隆礼重法”的治国理念，认为礼法是国家治理的依据，礼治与法治应当相辅相成，共同维护社会的稳定。另外书中还提出了“天行有常”的观点，即自然界有其不受人的意志所左右的客观规律。《荀子》一书对后世国家治理和人们的行为规范都产生了深远的影响，也是我们学习先贤智慧、服务当前社会治理的重要思想文化资源。

《荀子·子道》中记载了孔子和颜渊的对话：

子曰：“回，知者若何？仁者若何？”颜渊对曰：“知者自知，仁者自爱。”

孔子问颜回，有智慧的人和有仁德的人有什么样的表现。颜渊认为有智慧的人自己了解自己，有仁德的人自我关爱。

颜渊为什么认为有智慧的人自己了解自己呢？因为有智慧的人深知自我认知的重要性。只有自我认知，才能自我反省内心世界和外在行为的优点和不足，从而有针对性地扬长避短，进行德行修养的提升。有智慧的人不会回避自己所处的环境，勇于面对自己的挑战和苦难；有智慧的人会在日常生活中不断矫正自己的行为和思想，朝着既定的目标努力奋进；有智慧的人会以积极开放的心态去接受他人的批评和建议，从而不断完善自己的德行修养和行为规范。正是这样的原因，智慧能够促进自我认知。

“仁者自爱”强调自我关爱是关爱他人的前提条件，不会关爱与尊重自己，就没有坚强的人格尊严和顽强的意志力，就会失去关爱他人的条件和基础。自我关爱是指对自己的身心是否健康、品德修养是否完善、精神成长是否高尚有清晰的认识和积极的追求；自我关爱是人格完善的前提，是践行关爱他人行为的内在动力。试想一个连自己都不爱的人，如何真诚地去爱别人。只有仁者自爱，才能在保持身心平衡与健康的前提下，更好地把关爱他人付诸实际行动，这样既有助于个人的成长与发展，也有利于实现社会的和谐发展。

自爱，是在关爱他人与关爱自我之间找到一种恰当的平衡。春秋时期身材矮小的齐国大夫晏子出使楚国。楚王为了羞辱晏子，命人在大门旁边开了一个小洞让晏子进去。晏子说：“出使狗国的人从狗洞进去，今天我出使楚国，不应该从这个洞进去。”楚王只好让晏子从大门进去。晏子见到楚王后，楚王又问道：“齐国没有人吗？竟派矮小的你做出国使臣。”晏子回答说：“齐国虽人才济济，但派遣使臣是有原则的，贤明的使者出使有贤明国君的国家，不才的使者出使有昏庸国君的国家，所以我只好出使楚国了。”楚王听后开始礼遇晏子。在这个故事中，晏子始终保持着自尊和自爱，不屈服于楚王对他的人格羞辱，不仅维护了国家的尊严，也赢得了楚王对自己的尊重。

拓展阅读

颜回天资聪颖，《论语·公冶长》记载："子谓子贡曰：'女与回也孰愈？'对曰：'赐也何敢望回？回也闻一以知十，赐也闻一以知二。'子曰：'弗如也，吾与女弗如也。'"这段对话中的"闻一以知十"说明颜回的聪慧和悟性深得老师和同学的认同。颜回因能深刻理解孔子的学说，就以尊崇千古圣哲之情尊崇孔子。《论语·子罕》记载："颜渊喟然叹曰：'仰之弥高，钻之弥坚。瞻之在前，忽焉在后。夫子循循然善诱人，博我以文，约我以礼，欲罢不能。既竭吾才，如有所立卓尔。虽欲从之，末由也已。'"其大意是，颜回曾感叹：老师的道，越抬头看，越觉得它高明，越用力钻研，越觉得它深奥。看着它似乎在前面，等我们向前面寻找时，它又忽然出现在后面。老师的道虽然这样高深和不易捉摸，可是老师善于有步骤地引导我们，用各种文献知识来丰富我们，提升我们，又用一定的礼来约束我们，使我们想停止学习都不可能。我已经用尽我的才力，似乎已能够独立工作。要想再向前迈一步，又不知怎样着手了。颜回素以德行著称，不以追求物质享受为目标，生活俭朴并以力行孔子关于"仁""礼"的要求为快乐，"一箪食，一瓢饮，在陋巷，人不堪其忧，回也不改其乐"（《论语·雍也》）。颜回的言行和品德因而为后世所敬仰和传颂。

厚爱利，足以亲之。

出处

《管子·权修》

译文

君主能够付出厚爱和厚利，就可以亲近民众，得到民众拥护。

解读

《管子》一般认为成书于战国，由稷下学者创作而托名于管仲，非一人一时之作。《管子》一书大体能体现管仲的核心思想，其融合了法家、道家、儒家、农家、阴阳家、名家、兵家等富国强兵思想精华，涉及法学、政治经济学、算学、农学、战争、社会救济等方面，是一部规模宏大、博大精深、兼容并包的文献典籍。

这句格言强调统治者要心怀民众、关爱民众，并能给民众带来实实在在的利益。

厚爱利，是相对于寡恩小惠而言的。寡恩小惠，是春秋战国时代统治者笼络民心的权宜之计，并非真心对民众的关爱和关怀。厚爱，是源自内心深处对他人无私的关爱与帮助，不仅仅是行为上的热情与关怀；厚利，不仅指切实看得见的物质利益，还包括对他人生存发展的帮助。

春秋时代，管子能认识到国家混乱动荡的根源在于统治者与民争利是难能可贵的。为了解决与民争利的问题，管子提出“厚爱利”于民、赢得人民支持和拥护的观点。

管子并不认为只要厚爱利民就可以治理好国家。他提出对民众要加以引导：“明智礼，足以教之，上身服以先之，审度量以闲之，乡置师以说道之，然后申之以宪令，劝之以庆赏，振之以刑罚，故百姓皆说为善，则暴乱之行无由至矣。”明确了是非和礼节，民众就能得到教化。统治者要以身作则起表率作用来引导民众，制定法规制度来预防民众的不良行为，设置乡师官吏来教导民众，然后用法令来约束，用奖赏来激励，用刑罚来威慑。如此，百姓就具有了为善的意愿，暴乱的行为便不会发生。

管子这种礼法并用、德法并重的主张，是其治国思想的一大特点，其将道德教化与法令限制相结合，在儒家德治的基础上进一步施以外在律法，使道德与法治具有了社会治理的一致性。

这种礼法并用、德法并重的做法，是建立在“厚爱利”的前提之上的。统治者只有满足了民众的生存发展的物质条件，才能对民众加以引导，以形成更好的社会治理效果。历史上康熙通过巡幸了解民情就是“厚爱利，足以亲之”的事例。康熙是历史上最爱体察民情的皇帝之一。他勤于政务，四处巡视，不让地方官员私征赋税，尽量避免打扰百姓。巡访途中，康熙发现江南地区人才济济，便切实增加了江南地区人才的录取名额，如此便与江南地区知识分子密切了联系。这印证了统治者对百姓施以仁义，就会换来百姓的亲近与爱戴。

这句格言不仅是对统治者、领导者的要求，对大众的人际关系也有启示。人与人之间要彼此“厚爱利”，真诚地关爱、包容对方，并力所能及地给予物质或精神上的支持和帮助，这样才能得到他人的尊敬和信任。

拓展阅读

管仲（？—前645），春秋时期法家代表人物，管氏，名夷吾，字仲，中国古代政治家、哲学家、经济学家、军事家。管仲出身于贵族家庭，因年少时父亲早亡，家道中落，后与鲍叔牙结为至交。管仲与鲍叔牙合伙经商，鲍叔牙理解管仲的困境，每次经商让管仲少出资多分利。管仲因有老母需要赡养，参战时多次临阵脱逃，鲍叔牙也能体谅他。齐襄公死后，公子纠和公子小白争夺君位。管仲助公子纠，带兵埋伏在公子小白回国的路上，管仲一箭射伤公子小白。后来公子小白继承了君位，即齐桓公。齐桓公即位后，欲拜鲍叔牙为相，但鲍叔牙推荐了管仲。齐桓公不计前嫌，任命管仲为相，称“仲父”。管仲任相后，提出实行官员考核、选贤任能、整顿行政管理、推行经济改革等一系列政治理念与改革措施，使齐国国力逐步强大起来。管仲还辅佐齐桓公提出“尊王攘夷”的口号，在尊奉周王室的号召下，联合诸侯，共同对抗北方戎狄和南方楚国的入侵。如齐国曾出兵帮助燕国击退山戎，还帮助邢国、卫国重建家园。这一系列举动使齐国威望大增，齐桓公被诸侯尊奉为霸主。

天下兼相爱则治，交相恶则乱。

出处

《墨子·兼爱上》

译文

天下人互相关爱，天下就好治理；天下人互相仇恨，天下就混乱动荡。

解读 《墨子》是战国时期墨子的弟子及再传弟子对墨子言行的记录，既非一人所作，又非一时所成。《墨子》除记述墨子言行，阐述墨子思想，还着重介绍了墨家的认识论和逻辑思想，内容广博，涵盖政治、军事、哲学、伦理、逻辑、科技等方面，提出了“兼爱”“非攻”“尚贤”“尚同”“天志”“明鬼”“非命”“非乐”“节葬”“节用”等观点。

这句格言强调了人与人之间的相互关爱或仇恨，决定了天下的治乱，所以希望人人“兼相爱”。墨子的“兼爱”不同于儒家有差别的关爱，而是不分亲疏远近的平等的无差别的爱。

墨子认为，假使天下的人都能相互关爱，国家与国家之间不再相互攻伐，而是互帮互助，这样人与人之间、家族与家族之间就不再有利益的争斗了，就没有了强盗与贼寇，君臣之间就能君臣一心，共建国家，父子之间能父慈子孝，家庭和睦。有了这样大家和谐相处的景象，天下就会治理好了。所以，但凡圣明的君主，首先要去阻止人们互相仇恨，并规劝人们相互关爱。

墨子的这种思想从理论上讲是一种积极应对天下大乱的良策。以包容、理解和关爱的心态去对待他人，确实有利于构建一个和谐、稳定、繁荣的社会。但这种思想脱离了当时的社会现实。在生产力落后、物质贫乏的时代，不可能培养出人们平等的相互关爱的德行。只有生产力进步，物质产品丰富，人们的精神境界提高了，才能为兼爱的德行提供可能性。

2015 年 12 月 16 日，习近平主席在第二届世界互联网大会开幕式上的讲话中说："'天下兼相爱则治，交相恶则乱。'完善全球互联网治理体系，维护网络空间秩序，必须坚持同舟共济、互信互利的理念，摈弃零和博弈、赢者通吃的旧观念。各国应该推进互联网领域开放合作，丰富开放内涵，提高开放水平，搭建更多沟通合作平台，创造更多利益契合点、合作增长点、共赢新亮点，推动彼此在网络空间优势互补、共同发展，让更多国家和人民搭乘信息时代的快车，共享互联网发展成果。"这表达了中国继承传统文化精华，弘扬和平理念，呼吁全世界人民和平友爱，共同为人类文明进步作出更大贡献的愿望。

拓展阅读

"兼爱非攻"是墨家学派的主要思想观点。"兼爱"即广泛地爱，这是墨子思想的核心。墨子的"兼爱"既是对儒家"仁"的发展，也是对儒家"仁"的否定。儒家关于"仁"也有类似的表述："不独亲其亲，不独子其子。"意思是人们不只奉养自己的父母，不只抚育自己的子女。这一点与墨子主张相同。然而儒家的"爱人"是以"亲亲为大"，讲求区分亲疏远近关系的爱；而墨子主张的是无差别的爱，取消一切亲疏关系、等级、阶层的爱。

致利除害，兼爱无私，谓之仁。

出处

东汉·班固《汉书·公孙弘传》

译文

为人们兴利除害，对天下之人不论亲疏都关爱，称为仁。

解读　东汉史学家班固编撰的《汉书》，是中国第一部纪传体断代史；与《史记》《后汉书》《三国志》并称为“前四史”。

这句格言从国家治理的角度阐述仁，强调“致利除害，兼爱无私”应该是统治者治理国家的准则。

致利除害，强调在国家治理中统治者首先要考虑民众的所需和民众遇到的困难。致利，就是统治者为民众的生存和发展创造更为有利的条件。这要求统治者深入民众，了解民众的需求，通过制定科学合理的举措，给民众的生存和发展提供有利的条件和丰富的资源。统治者能做到这样，就是对民众最大的关爱。

西汉建立之初，汉高祖刘邦推行解甲归田、劝民还乡、释奴为民、十五税一等给民众致利的休养生息措施，为民众的生存和发展创造了有利的条件，不仅巩固了汉初的统治，还为之后的繁盛打下了基础。

除害，则是统治者消除和减轻民众生存和发展中面临的阻碍和困难。这包括预防自然灾害，打击侵害民众利益的各种违法犯罪和黑恶势力等，为民众创造和平稳定、公平正义的生活环境。这就要求统治者了解民众的疾苦，通过有效科学的方法解决问题。

致利除害这一国家治理的理念，对人们正确处理人际关系也有重要的启示。人与人之间少一些利益的争夺，多一些彼此利益的共享，将有利于更好地构建和谐的人际关系。

“兼爱无私”，指泛爱大众，对人没有私心。这句格言是孔子见到老子讨论仁义时所说。老聃曰：“请问，何谓仁义？”孔子曰：“中心物恺，兼爱无私，此仁义之情也。”（《庄子·天道》）意思是秉持公正公平的心，一视同仁对待万物，热爱一切生命而且没有自私之心，这就是仁义的人应该具备的情怀。我们可以看出这句格言强调真正的仁爱没有任何功利性，不求回报，不仅要勇于担当和作为，消除对他人有害的事物，还要为他人带来实在的利益。

这句格言除了表达人们对领导者治国的期待，对人们的德行也有启示：要积极培养仁爱之心，践行仁爱之道，时刻关注他人的需求与福祉，尽己所能为他人提供帮助和支持，成为一个更有爱心、更有责任感的人。这样不仅能够增进人际关系的和谐，还能弘扬正能量，为社会的进步与发展作出贡献。

拓展阅读

帝国主义、封建主义和官僚资本主义被毛泽东形象地称为新民主主义革命时期压迫中国人民的“三座大山”。帝国主义是指西方列强和日本帝国主义，它们通过发动野蛮的侵略战争，强迫中国签订不平等条约，割占中国领土，破坏中国主权，控制中国的经济命脉；对中国人民进行残酷的剥削和压迫，使广大中国人民处于水深火热中；压制了民族资本主义的发展，阻碍了中国社会的进步和发展。所以帝国主义是中国共产党领导的新民主主义革命的首要对象。封建地主剥削的残酷性和自给自足的自然经济，使中国人民生活极度贫困，严重阻碍了生产力的发展。所以封建主义也是新民主主义革命的对象。官僚资本主义是与国家政权相结合的垄断资本，依靠国家政权的力量垄断市场、操纵金融，阻碍了民族工业的发展，加剧了社会的贫富分化；更为严重的是，官僚资本主义与帝国主义、封建主义相互勾结，共同压迫中国人民。所以官僚资本主义也是新民主主义革命的对象。这“三座大山”严重阻碍了近代中国社会的进步和发展，扼杀了中国人民创造美好生活的愿望。因此，中国共产党领导中国人民浴血奋战，最终推翻了“三座大山”的压迫，实现了民族独立和人民解放，发扬了中华民族致利除害的优良治国传统。

仁者，以天地万物为一体。

出处

北宋·程颢、程颐《河南程氏遗书》卷二上

译文

有仁德的人，将天地万物视为一个整体。

解读 《河南程氏遗书》是北宋教育家、宋明理学的奠基人程颢、程颐二兄弟的日常讲学语录，后经由南宋理学集大成者朱熹编订成书。程颢、程颐是继宋代理学开山之祖周敦颐之后阐释孔子、孟子思想学说的著名儒家学者，是宋明理学的实际奠基者。《河南程氏遗书》集中体现了程颢、程颐以“理”作为宇宙万物根本原则的学术思想。

“仁者，以天地万物为一体”，这句格言改变了先秦儒家以爱释仁的观点。“仁”作为孔子思想的核心，强调博施济众的关爱之情和克己复礼的道德修养。但程颢认为，孔子提倡的博施济众只是“仁”的具体体现，不是“仁”的根本，所以博施济众不是“仁”的最高境界。

程氏二兄弟认为，仁的根本就是“与万物为一体”“浑然与物同体”。“与万物为一体”的境界，就是要把自己和世间万物看成息息相关的一个整体，世间万物与自己都有直接的联系，甚至有的就是自己的一部分。

有了“与万物为一体”境界的人，所认识的“我”或“己”不再是个体的小我，而是万物与我为一体的大我。

有了“与万物为一体”境界的人对德行修养有更强的自觉性，因为德行修养就是构成自己的一部分，是人之为人的本质。

后来的宋明理学家进一步阐释为仁，就是将别人甚至世间万物都看作和自己息息相关、休戚与共的一种最高道德，包括义、礼、智、信全体，强调人与天地万物的整体性。

有了“与万物为一体”的境界，就能针对世界万物，从“仁”念出发，去分析问题和解决问题。譬如看到孺子入井时把自己的“仁”与孺子为一体，必定做出妥当的救助；譬如听到鸟兽哀鸣时把自己的“仁”与鸟兽为一体，就不忍心看到马上要死于屠刀之下的动物；譬如看到草木被摧毁破坏时，自己的“仁”与草木为一体，就能保护草木生长；譬如看到干净的河流被污染、秀丽的山川被挖得千疮百孔时，“仁”与它们合为一体，心中就升起痛惜和愤怒。

从上述的分析可以看出，“仁者，以天地万物为一体”的理念对于人们自觉处理人与人关系、人与社会关系、人与自然关系具有重要的指导意义。传承和弘扬这一优秀传统理念，可以帮助我们化解发展过程中遇到的难题。2016 年 11 月 21 日，习近平主席在秘鲁国会发表重要演讲时指出：“中国人历来‘以至诚为道，以至仁为德’。‘仁者，以天地万物为一体。’中国一贯主张，世界各国共同努力，建立平等相待、互商互谅的伙伴关系，公道正义、共建共享的安全格局，开放创新、包容互惠的发展前景，和而不同、兼收并蓄的文明交流，尊崇自然、绿色发展的生态体系。”中国人自古讲仁尚和，我们呼吁构建人类命运共同体，形成人类内部和谐关系，也关注自然环境和生态平衡，强调人与自然和谐共生。

拓展阅读

程颢（1032—1085），字伯淳，号明道，尊称明道先生；程颐（1033—1107），字正叔，号伊川，尊称伊川先生。二人是兄弟，早年都受业于周敦颐。世人称“二程”。二人都是北宋教育家、宋明理学的奠基人，祖籍中山博野，后迁居洛阳。程颢26岁中进士，历任县主簿、县令、太子中允、监察御史等职，40岁以后退居洛阳，全力教授徒弟。地方任职期间他体察民情，重视教化，积极创办乡学，讲学劝义，引领社会风尚，深得百姓爱戴。程颐，26岁前两次科考都未考中进士，后弃科考辗转河南、河北、四川、陕西等地从事学术研究和讲学。后被朝廷授予西京国子监教授、崇政殿说书等职，为宋哲宗讲授经学。“二程”在政治上追随司马光，反对王安石的变法举措；一生主要致力于学术和教育，最先倡导以《大学》《中庸》《论语》《孟子》为基础教材，创立了“四书”新教材体系和一套代表儒家思想的哲学，后经朱熹继承和发展，成为程朱理学。程朱理学在培养人们的理论思维、教育人们知书识礼、陶冶人们的情操、维护社会稳定、推动历史进步等方面，发挥了积极的作用，对中国人的思想和行为产生了深远影响。“二程”主要著作有《定性书》《识仁篇》《易传》《经说》《伊川文集》《明道文集》。

仁者，生生之德也。

出处

清·戴震《孟子字义疏证》卷下

译文

仁，是万物生生不息的品德。

解读

《孟子字义疏证》是清代著名的自然科学家、思想家戴震所作的一部重要哲学著作。该书通过自设宾主问答与“字义疏证”的方式，援据经言，考镜源流，对理、天道、性、才、道、仁义礼智、诚、权等传统哲学概念，通过类比来阐释其含义，并对先秦道家哲学、佛道理念、程朱理学、阳明心学等思想进行总结或批判；既对古代社会民本思想进行了继承和发展，也对明清之际市民阶层生活的情感进行了理性表达和诉求。

“生生”是中国古代哲学用语，语出《周易》，指事物不断产生、变化。《易经·系辞上》：“生生之谓易。”第一个“生”字为名词，表示生命。第二个“生”为动词，表达本能、功用与趋向。功能与趋向不能脱离生命，而生命若是剔除功能与趋向，亦无生命可言，二者相辅相成，深刻地揭示了生命的本质。

“仁者，生生之德也”将生生之道与仁相联系，认为仁是万物生生不息的品德。

仁作为儒家的核心内涵，本质是爱人，是处理人与人关系的人道。戴震将其与化生万物相联系，即通过仁将人道与天道相贯通。仁是天道生生不息的运动在人之一身的凝结和显露。这就为仁确立了更深层次的依据。换言之，仁是义礼智等一切美德之源，人身上所体现的每一种美德都是仁的化身。

正如梁漱溟先生所言，仁是一种柔嫩笃厚之情。仁是先天的直觉，是从我们固有的生命中产生的。仁是生命的活力，是一种生机，表现为柔嫩而真挚的感情。

拓展阅读

中国古代社会中的平民包括官府中的小吏、中小地主、自耕农、商人、手工业者、佃农，其中属于城市居民的主要是商人与手工业者。平民中的商人和手工业者称为市民阶层。中国古代对民众等级的划分是“士农工商”。由于“重农抑商”政策，市民阶层社会地位极其低下。随着商品经济的发展，市民阶层经济实力虽有所增强，但其社会地位仍受鄙视，在政治上没有话语权，在法律上遭受歧视。至明清之际，随着商品经济的繁荣和农业生产力的进步，以商人和手工业者为主体的市民阶层不断壮大，社会影响日益提升，市民阶层渴望得到政治权力以保护自身利益；除此之外，还追求经济自由和平等交易，要求国家制定和完善相关法律以维护商业活动的公正，要求国家承认并保护他们的土地、房屋、货物等私有财产。正是在此社会背景下，戴震在《孟子字义疏证》中提出“体民之情，遂民之欲”，即体恤民情，满足人民的合理需求。

二　自律自省

天作孽[1]，犹可违[2]；自作孽，不可逭[3]。

出处

《尚书·太甲中》

注释

1. 作孽：做坏事，造孽。
2. 违：躲开。
3. 逭（huàn）：逃避。

译文

天降灾害，还可以逃避；自己做坏事，就无处可逃了，必定遭到惩罚。

解读

《尚书》是中国最早的记载上古时代的一部历史文献汇编，分为《虞书》《夏书》《商书》《周书》。因是儒家五经之一，《尚书》又称《书经》。

《太甲》为《尚书》篇名，分上、中、下三篇，记载了商王太甲与伊尹的事迹。太甲身为商朝第一位君王汤的嫡长孙，世袭成为商朝的君王。然而太甲继位三年后，任意地发号施令，贪图享乐，导致朝政混乱。伊尹多次劝告无果，于是把太甲放逐到商汤墓地附近的桐宫，让其自我反省。太甲在桐宫思过三年，不禁悔恨自责，决定改过自新。伊尹将太甲迎回都城，还政于他。太甲改过自新，按律行事，听从大臣良言良策，治理国家井然有序，商朝进入稳定发展时期。这句格言正是太甲回到都城后的自我反思。

这句格言告诫世人一定要自律自省。面对自然灾害，人们或许还有机会去应对挑战，获得生存发展的机会；但若是自己做坏事，则必定遭到惩罚，影响个人的生存和发展。

为什么三千多年前的先人，就能有“天作孽，犹可违”的认识呢？从人类发展的历史来看，人类难免会有旦夕祸福，如遭遇洪水、地震、瘟疫等。面对这些不期而至的自然灾害，人们以顽强的抗争精神，可以获得生存发展的机会。如神话故事“女娲补天”就是宣扬为人类赢得生存发展的空间；“神农尝百草”让人们增强体质，获得战胜瘟疫和疾病的药物；再

如“大禹治水”，为百姓带来了生产生活的安宁。这些神话故事和传说，告诉人们面临自然灾害时，人们并非束手无策，只要积极行动起来，从维护人的生存和发展需要出发，勇于探索和奋斗，必定能战胜各种自然灾害。所以，商代的先人就得出了“天作孽，犹可违”的认识。

自作孽与天作孽的后果不同，自作孽在商代人认识中，表现为发动战争、叛乱、抢劫、杀人以及统治者的暴虐统治等，而这些行为多是由贪婪、自私、嫉妒、懒惰等不良品质引起的。如史书记载的夏朝亡国之君夏桀的残暴统治。夏桀为了掠夺财富，频繁发兵征伐周边小国，通过残暴的手段来彰显权威，导致夏朝民怨沸腾；排挤贤臣，导致夏朝奸臣当道，百姓愤恨；修筑寝宫、瑶台，搜罗全国各地的美女，收藏于后宫，宠爱妹喜，骄奢淫逸，不顾朝政。相传，夏军败于鸣条之战，正是因为妹喜嫉妒夏桀的新欢，与伊尹里应外合，提前告知夏军动向，导致夏朝灭亡。对商人来说，夏桀残暴不仁导致灭亡，正是“自作孽，不可逭”的最好例证。

在现代社会，随着科技的发展和医疗技术的进步，人们应对地震、洪水、瘟疫等自然灾害的能力越来越强，获得生存发展的条件越来越好。但是，在现实生活中，仍然不乏自作孽的例子。一些人为了追求财富和权力，不择手段地从事贪污受贿、欺诈勒索等违法犯罪活动。最终，他们不仅失去了自由和尊严，还遭到了法律的制裁。还有一些人，在生活中自私自利，只考虑自己的利益，不顾及他人的感受。这样的人往往会失去亲人和朋友的信任，陷入孤独和困境之中。

怎样才能不作孽呢？我们必须谨记格言的警示，在生活中时刻自律自省，保持清醒的头脑，坚守道德底线，不为外界的诱惑所蒙蔽；要迁善改过，养成良好的行为习惯，如节约资源、保护环境、遵守法律等。只有这样，我们才能成为一个有道德、有责任感的人，避免自作孽。

拓展阅读

伊尹，是商王朝的开国功臣，在历史上被视为臣道楷模，被誉为“中国第一位贤臣”。伊尹连续辅佐商朝商汤、外丙、仲壬、太甲、沃丁五位君主。“伊尹囚帝”的故事就是伊尹辅佐君主太甲期间发生的。古代典籍《尚书》《论语》《孟子》《墨子》《庄子》《吕氏春秋》《史记》《汉书》等或多或少记载了伊尹事迹，从不同角度展现了伊尹的卓越贡献和传奇人生。其中《吕氏春秋》中的《本味篇》，以较长篇幅记载了伊尹以“至味”说商汤的故事。

玩人丧德，玩物丧志。

出处

《尚书·周书·旅獒》

译文

以捉弄他人为乐，是道德败坏的表现。太过沉迷于某一事物，就会丧失斗志。

解读 三千多年前，周武王战胜商纣王之后，西方的邦国向武王进贡了一头獒犬，它不同于中原之犬，不仅通人性解人意，而且擅长搏斗。担任太保的召公奭担心武王会因喜爱獒犬而荒废政事，于是在奏章中写下了“玩人丧德，玩物丧志。志以道宁，言以道接”，即以捉弄他人为乐，是道德败坏的表现；太过沉迷于某一事物，就会丧失斗志。自身的意志要符合道才能安宁，别人的言论也要符合道才能让人接受。他告诫周武王不要醉心于逗狗之中，而丧失了积极进取的志向。

玩人，就是不尊重他人的尊严和权利，以戏弄他人为乐。玩物，就是沉溺于所喜好的无益事物之中，乃至于不能自拔。周朝建立后主张敬天保民，注重保护民众的生命和财产安全。君主如果戏弄了贤能之人，贤能之人就不会辅佐支持君主；没有了贤能之人的辅佐支持，国家的治理和发展都会受到影响。君主如果戏弄了老百姓，就会失信于百姓，动摇统治根基。所以，君主必须有仁爱之德，善待大臣和民众，这样才能上下一心治理好国家。喜好玩人的君主，上失贤能之人，下失老百姓信任，他的统治地位也就岌岌可危了。君主将大量的精力与时间沉湎于自己所喜好的犬马之上，就没有心思过问朝政了，更谈不上宏图大业了。

这句格言警示人们在追求欲望和享乐时，如果过分沉迷于某些事物，必定败坏自己的道德，荒废初心和志向。因此，人们需要自律自省，对自己进行道德约束和自我行为管控，不可过度纵容自己；应保持内心的宁静，依靠道德来坚定自己的意志，不断提高自我管理和自我约束能力，最终实现个人价值。

拓展阅读

召（shào）公，姓姬，名奭（shì），因其采邑在召（位于今陕西岐山县），故被称为召公或召伯；是西周文、武、成、康四个时期的重要辅政大臣。召公在辅政期间提出了“敬德保民”执政理念，主张以仁政治理国家、以德化民，反对滥用刑罚，要求最高统治者率先垂范，以德修身。召公对自己的主张理念，内化于心、外化于行。据史书记载，召公深入田间地头了解民情，在甘棠树下决断老百姓的纠纷。为不打扰百姓，召公常常在甘棠树下搭建一个临时的草棚决断诉讼，并制止了地方官吏让百姓为其腾出房屋歇息的做法。召公体恤百姓疾苦，勤政爱民，为百姓排忧解难，深受百姓爱戴。因此，召公去世后，老百姓将甘棠树当作召公清廉贤明、德政爱民的化身来敬拜，不忍砍伐，还把召公甘棠听政的故事编成歌谣传唱，后收入《诗经》，传诵至今，并留下了“甘棠遗爱”这个成语。

君子以见善则迁①，有过则改。

出处

《周易·益卦·象传》

注释

①迁：变动，转变。

译文

君子见到善人、善行，就会追随、效仿，发现自己有过错就会改正。

解读 《周易》是传统经典之一，包括《经》和《传》两个部分。《周易》内容极其丰富，被誉为“大道之源”，其对中国几千年来的政治、经济、文化等各个领域都产生了极其深刻的影响。

这句格言阐述了君子自省自律的表现和过程，告知了人们修身养性、不断提高德行修养的路径。

“见善”表明人有清醒的头脑，能分清是非善恶。这说明在其内心深处，已建立起了一套稳固的道德标准。没有稳固的道德标准，就不能准确判断人和事物的善恶。只有自省之人才能牢记道德标准。

“则迁”表明了君子的自律。自律的表现就是自我管理的严格要求和高效执行力，遇到该做的立即行动起来，不会推诿扯皮。这是成功提升个人德行修养的有效路径。试想一个不自律的人，能马上去学习效法别人的优点和长处吗？只有自省自律之人，才能善于发现并效法别人的优点和长处。晚清著名的红顶商人胡雪岩，其成功之道与他不断学习他人优点和长处有着密切关系。无论是商界精英、达官显贵，还是市井小民，只要有值得学习的地方，胡雪岩都会虚心求教，认真学习。

“有过则改”指的是自己发现有事情做得不够好时，要去改正错误，端正自己的态度，正视自己的问题。这也体现了人的自省自律，不自省就不会认识到自己的过错，不自律就不可能改正自己的过错。

孔子说："过而不改，是谓过矣。"(《论语·卫灵公》)如果人有过错而不改正，盲目自赏，我行我素，不去向善的人靠拢，那才是最大的过错。人皆有过，改过为贤，孔子在《论语》中也曾提出"择其善者而从之，其不善者而改之"。连圣人都无法做到不犯错，更何况我们普通人呢？所以，有错必改，才能不断自我完善。

我们常说中国共产党是伟大光荣正确的党，不是说共产党从来不犯错误。中国共产党在历史上也曾犯过错误。但是，中国共产党继承发扬了"见善则迁，有过则改"的优良传统美德，能够及时发现并纠正错误，借鉴国内外经验教训，制定出正确的路线方针政策，从而取得了一个个历史性成就。今天，中国共产党以高度的文化自信继续秉承"迁善改过"理念，倾听群众的声音、世界的声音，正以勇于自我革命的巨大勇气，大踏步带领人民走在中国式现代化的康庄大道上。

对于我们个人来说，只要秉承"见善则迁，有过则改"的理念，正视自己的不足和缺点，听得进别人的批评意见，并朝着真善美的方向不断进步，个人素质就会不断提升，就必定能成为德行高尚的人。

拓展阅读

2014年5月4日习近平总书记在《青年要自觉践行社会主义核心价值观——在北京大学师生座谈会上的讲话》中，谈到加强道德修养时，引用了"见善则迁，有过则改”这句格言。习近平总书记是这样说的：

要修德，加强道德修养，注重道德实践。“德者，本也。”蔡元培先生说过：“若无德，则虽体魄智力发达，适足助其为恶。”道德之于个人、之于社会，都具有基础性意义，做人做事第一位的是崇德修身。这就是我们的用人标准为什么是德才兼备、以德为先，因为德是首要、是方向，一个人只有明大德、守公德、严私德，其才方能用得其所。修德，既要立意高远，又要立足平实。要立志报效祖国、服务人民，这是大德，养大德者方可成大业。同时，还得从做好小事、管好小节开始起步，“见善则迁，有过则改”，踏踏实实修好公德、私德，学会劳动、学会勤俭，学会感恩、学会助人，学会谦让、学会宽容，学会自省、学会自律。

吾日三[1]省[2]吾身：为人谋而不忠乎？与朋友交而不信乎？传[3]不习乎？

出处

《论语·学而》

注释

❶ 三：泛指多次。

❷ 省：反省、自省。

❸ 传：传授，指老师传授的学业。

译文

我每天数次自我反省：为别人办事是否尽心尽力了？与朋友交往是否真诚守信了？对老师传授的学业是否认真复习、练习了？

解读　这句格言给出了自律自省的方法。“吾日三省吾身”强调了自律自省是人德行修养中每天都要进行的。人不自律自省，就容易迷失方向、放纵自己、自以为是；只有自律自省才能保持头脑清醒，清晰地认识到自己的优点与不足，进而调整自己的心态，以规范、控制自我行为。

人具有社会性，避免不了人际交往。所以，曾子重点提到忠、信、习三个方面的自省。

“为人谋而不忠乎”的忠，朱熹解读为“尽己之谓忠”，指的是竭心尽力、尽职尽责。“忠”字，从字形上看上“中”下“心”，是把心摆放中正了，不偏不倚。为人谋要忠，就是替别人谋划事情时不能有私心，要尽心为别人考虑。如在一个单位工作，要忠于职守，反省为别人工作服务是否真诚认真、尽心尽力，应做到问心无愧。

“与朋友交而不信乎”，朱熹解读为“以实之谓信”，即与朋友交往要诚实守信，许下的诺言要去践行。在人际交往方面，通过自省与朋友交往是否守信，能够帮助人们维护良好的人际关系。正常情况下对朋友应该讲诚信，但违背仁义礼的许诺就不能兑现了。孟子曰：“大人者，言不必信，行不必果，惟义所在。”（《孟子·离娄下》）显然符合道义才能讲信用。因为只有符合道义的信用才能心安理得、问心无愧。孟子认为“有诸己之谓信”(《孟子·尽心下》)，这说明信是向内对自己的要求，不是向外对他人的要求。对人讲信用，就是对自己负责。

“传不习乎”有两种解读，一种是老师传授的知识是否复习、实践了。孔子传授的既有典籍文献类的六经，也有技能性的礼乐射御书数六艺，所以需要复习和实践才能掌握。另一种解读就是己传之于人。有人认为，从前面两句来看，这应该是曾子在自省对他人的表现，所以取第二种解读更合适，即反省传授给别人的东西自己是否有准备并验证过。多数人选取第一种解读。两种解释都能讲得通，都强调了“习”的重要性，有没有把理论和实践相结合。孔子强调德行修养必须转化为实际行动，反对巧言令色，主张要言行一致。

在春秋时代，社会剧烈变化，传统思想观念受到冲击，社会价值观出现危机。曾子提出“自省内求”的方法，使自己的行为取向不偏离内心的道德律令，向自己的理想人格靠近。这种自省的方法，在中国历史上产生了深远的影响，许多历史人物把自省融入个人修身齐家治国平天下的实践。如晚清重臣曾国藩坚持每晚写日记，反省自己的行为和意识有没有过错，以此认识到自己的缺点。曾国藩的修身十二法，如持身敬肃、静坐养性、坚持早起等，也都体现了其自省的精神。历代名人自省的事迹和成就，不仅展示了自省的力量，也为后人树立了榜样。

在当前节奏飞快的时代，人们往往忙于各种繁杂的事务，忽视了个人成长中不可或缺的自我反省的重要性。所以，人们应当时刻反省自己，每天都要反思自己的行为是否符合社会规范，为别人做事是否尽心尽力，与朋友交往是否做到诚实无欺，学业和工作是否认真对待完成。这样的反省有利于人们认清现实，认识自我，也有利于形成良好的人格，成为更好的自己。

拓展阅读

曾子（前505—前435），被后世尊称为“宗圣”。曾子一生倡导内省、慎独的修养观。《大戴礼记·曾子大孝》载：“公明仪问于曾子曰：‘夫子可谓孝乎？’曾子曰：‘是何言与！是何言与！君子之所谓孝者，先意承志，谕父母以道。参直养者也，安能为孝乎？’”曾子主张慎独，因此从不自满。公明仪曾经问曾子是否可以算得上是孝。曾子却说自己的孝只是做到了养亲，并没有做到预先察知父母的愿望。由此观之，曾子的高明之处就在于不断反省自身，超越自我。

法[1]语之言，能无从乎？改之为贵。

出处

《论语·子罕》

注释

❶ 法：指礼法正道。

译文

合乎礼法正道的话，能不听从吗？但听后改正错误才可贵。

解读 这句格言强调了以“法语之言”自律自省的重要表现就是改正错误。“法语”是指符合礼法规则的话，相当于今天所谓的“格言”，其总结了人类生存发展的正道，蕴含了丰富的智慧。人们应该把“法语之言”当成一面镜子，自我对照反省，发现不足及时改正。

孔子认为，对于符合礼法的劝言，人们应该听从，但更重要的是要改正自己的错误。恭顺赞许的话，虽然听起来让人高兴，但只有认真分析其真伪是非，才是可贵的。孔子反对只是表示听从而不改正错误。

魏徵是唐太宗李世民的谏议大夫，充当皇帝的顾问，提出意见，帮助皇帝改正行政上的过失。魏徵为人正直，忠于职守，常常在朝堂上公开发表自己的意见，他认为不对的事，总能当着李世民的面直说。有一次，唐太宗采纳右仆射封德彝的建议，决定让十八岁以上身体强壮且尚未服役的男子都去当兵。但魏徵对此表示反对。他指出，这样做违背了治国安民的方针，因为朝廷开国之初就立下了“男子二十岁当兵，六十岁可免”的规定。面对唐太宗的质问，魏徵用“竭泽而渔”和“焚林而田”的比喻，说明这种做法会耗尽国家未来的税赋来源。唐太宗听后幡然醒悟，最终收回了这道命令。公元 643 年，魏徵去世。后来唐太宗对身边的侍臣说：“一个人用铜作镜子，可以照见衣帽是不是穿戴得端正；用历史作镜子，可以看到国家兴亡的原因；用人作镜子，可以发现自己做得对不对。魏徵一死，我就少了一面好镜子。”唐太宗面对魏徵的直言进谏，能做到听从并改正，这才有了贞观之治的政治清明、经济复苏和文化繁荣。

拓展阅读

在古代中国，礼的概念有其特殊性，礼源于原始宗教，而后内化为道德，外化为法律，三者共同规范着人们自身的行为，具有维护社会秩序稳定与和谐的作用。中国古代的法从一开始就包含在礼的内涵之中，礼具有自然法的特点，后来礼与法便逐渐分离。春秋是礼与法开始分离的时期。这个过程始于春秋时期成文法的颁布，而其深层原因与春秋时代大变动有关。春秋时的社会无论在经济、政治和文化思想上，都在发生着巨大的变化。随着铁器的推广和使用，生产力不断提高，出现了新兴商人和封建地主阶级。他们的实力和影响不断扩大，要求颁布保护其私有权的成文法典来维护其利益。当时的统治阶级面对日趋变化的社会现实，为了缓和阶级矛盾，不再用周朝建立之初的周礼来进行统治了。这样，礼的范围不断缩小，法的观念逐渐深入人心。随着周王室衰微，诸侯势力渐盛，出现了“礼坏乐崩”的局面，维护西周大一统的周礼被破坏，礼的范围进一步缩小。另外，天人关系的斗争和变化也缩小了礼的范围。礼起源于宗教，商朝是重巫鬼祭祀的社会，对天神的信仰远远高于对人事的关心和信任。周朝建立后，对人事的关心和信任逐渐增加，礼的宗教性范围渐趋缩小。在这样的社会背景下，为了适应统治需要，春秋时期的统治者不得不进行改革，用礼之外的成文法来规范人们的行为和治理社会。

内省不疚，夫何忧何惧？

出处

《论语·颜渊》

译文

自我反省没有愧疚，那有什么可以忧虑恐惧的呢？

解读 这句格言点明自我反省的标准就是“不疚”。自我反省的结果就是充满自信，不忧虑恐惧。

这句格言是孔子针对弟子司马牛问君子时的答复。司马牛是宋国贵族司马桓魋的弟弟。司马桓魋在宋国受到国君的宠信，势力越来越大，野心膨胀，于是犯上作乱，后被宋国平息。司马家族受到牵连，司马牛全家便逃难到鲁国。司马牛拜孔子为师，并声称要与他的哥哥司马桓魋划清界限。所以，当他向孔子请教怎样做才是君子时，孔子针对他忧惧的心理说：反省自己的时候能做到问心无愧，就不忧虑也不畏惧了。

自省是孔子提倡的一种道德提升方法，其依据社会道德规范、行为准则、道德榜样向内自我审视自己的言行举止。这种内省体现了自律精神。比如，人与人之间有了矛盾或产生了纠纷，不是一味地抱怨对方，找对方的原因，而是依据社会道德和行为准则，反省自己是否有不妥之处，对照道德榜样反省自己有没有理解、包容对方。这些都是内省自律的表现，有了这种内省自律，双方的矛盾冲突就不会升级，就能主动找对方和解。

不疚，就是不愧于心，心里坦荡，这是一种内心平和与自信的表现。不疚是建立在内省基础上的，而不是自以为是。人最大的恐惧是不自信，最大的敌人是自以为是。当一个人能够反省自己的行为和选择，确信自己没有违背良知和道德准则时，就能形成一种由内而外的自信。这种自信能够激发人的潜能，去勇于面对现实，迎接挑战，突破困境。

孔子“内省不疚，夫何忧何惧”的格言，被中国历代智者所推崇和效法。北宋宰相文彦博留下了“数豆修身”的故事。文彦博自幼聪慧过人，但因为顽皮常惹祸犯错。于是，他准备了两个瓷罐，做了好事就往一个瓷罐里放一粒红豆，做了错事就在另一个瓷罐里放一粒黑豆。后来红豆越来越多，黑豆越来越少。他以此自律自省、诚己立身行事，终于成为一代名相。

虽然他人的善意批评和提醒对人的成长进步非常重要，但起决定性作用的还是自律自省。人们不能把错误都归咎于自身之外的外部因素，推卸自身的责任，而是应当学会向内自省，勇于自我批评，从而实现自我提高。

拓展阅读

范仲淹之所以能成为中国历史上有名的清廉官员，与他终生保持自律自省有关。他常提及“不矜细行，终累大德”（《尚书·周书·旅獒》）。大德由无数小的德行构成。小的失节的积累，必然会引起一个人道德的败坏。范仲淹以高度的自觉性和责任感，时刻自律自省，廉洁奉公，怕有愧于自己所得的俸禄。范仲淹认为，既然拿国家俸禄就应当为国分忧、为民办事。只有这样，才能对得起自己丰厚的薪水，问心无愧。为此，范仲淹坚持自律自省，每天就寝之前都要反思自己“一日食饮奉养之费及所为之事”（《邵氏闻见后录》）是否妥当。范仲淹如果认为当天所做的工作与所得俸禄不相称，他第二天就会加倍工作用来补救。在范仲淹看来，既然享受俸禄，由民供养，那就应该“内省不疚”，积极为国分忧，为民办事。

人无远虑，必有近忧。

出处

《论语·卫灵公》

译文

一个人没有长远的考虑，一定会有眼前的忧患。

解读 人有长远考虑是自律自省的体现。远虑，指长远的考虑，为未来而想，为将来而谋划。这就要求个体自律自省，保持清醒的头脑，不断努力学习提升自我，从而应对不断变化的环境。近忧，则是指眼前的烦恼与困扰，就是说有身边的事困扰到了自己的进步和发展。一个人怎么才能有远虑？只要人有远大的理想抱负必定会有远虑。生活实践证明，一个人若没有远大的理想，就只能看到眼前暂时的得失，产生近忧。

另外，这句格言也强调了居安思危、未雨绸缪的人生自省态度。只有时刻自我反省才能有长远的考虑，保持清醒的头脑，才能对未来有清晰的认知和判断，从而不断提升自己的应对能力。忧患意识能够激发自律自省的内在动力。因为，当人们意识到风险和挑战存在的可能性时，会更加警醒并注重自我能力的提升。东汉末年，曹操出兵攻打东吴。东吴孙权召集文武百官研究对策，大将吕蒙建议在濡须口修建船坞，孙权称赞道：“人无远虑，必有近忧，吕蒙有远见卓识。”于是东吴连夜修建船坞。等魏军到来时，船坞已修好，魏军大败。

忧患意识的效果能否如期达到，关键看个人自律自省能否持之以恒。因为，只有通过不断自我反省和调整，人们才能够更准确地识别风险，制定应对策略，从而更有效地应对挑战。在中华民族的文明发展进程中，始终有忧国忧民的智者，在自律自省中唤醒民众，中华民族才屡遭劫难而不衰，成为自强不息的民族。“人无远虑，必有近忧”是中华民族的生存智慧，其已深深植根于中华儿女的血脉之中。

在新时代，我们面临的各种风险和挑战越来越复杂。2014年10月23日，习近平总书记在党的十八届四中全会第二次全体会议上的讲话中说：“人无远虑，必有近忧。全面建成小康社会之后路该怎么走？如何跳出‘历史周期率’、实现长期执政？如何实现党和国家长治久安？这些都是需要我们深入思考的重大问题。”

拓展阅读

“居安思危”最早出自左丘明《左传·襄公十一年》：“《书》曰：‘居安思危。’思则有备，有备无患。”这个成语告诫人们在安定的环境中，也要想到可能产生的危难和祸害。《易经·系辞下》也有相关表述：“是故君子安而不忘危，存而不忘亡，治而不忘乱，是以身安而国家可保也。”君子在安定的时候不忘记可能出现的危险，生存的时候不忘记会出现灭亡的可能，国家大治的时候不忘记可能出现的祸乱，如此自身得以安宁，国家得以保全。

躬自厚① 而薄责于人②，则远怨矣。

出处

《论语·卫灵公》

注释

① 躬自厚：对自己要求严格。

② 薄责于人：对别人要求宽松。

译文

对于错误，多责备自己而少责备别人，就可以远离别人的怨恨了。

解读 这句格言强调人与人之间产生纠纷和矛盾时，要多“反躬自省”，做好自我批评，从自己身上找原因。

“躬自厚而薄责于人”，就是我们现在经常提到的“严于律己，宽以待人”。人与人之间交往，难免有矛盾和纠纷，如果一味地指责别人，甚至把过错推到别人身上去，就容易激化矛盾，不利于人际关系的和谐。

在冲突和纠纷发生时，孔子给出的方案是责己严、待人宽。责己严就是在冲突和纠纷发生的起因上，多去反省自己的原因，勇于承认并改正过错。多数冲突和纠纷的发生往往源于双方（或多方）之间对彼此言行举止以及情感状态的误解，这种误解的根源在于彼此个体自身的不足。要么就是一方的行为举止及情感状态以自我为中心，忽视了另一方的感受和需求；也可能另一方没有正确理解和耐心包容，产生了过激反应。因此，要想减少冲突和纠纷的发生，人们需要从自我反省开始，认识并改正自己的缺点。

如果待人严苛，小到人际关系，大到国家治理，必定造成矛盾纠纷。中唐政治素养颇高的韩滉，精明强干，集政、军、财权于一身，多次力挽狂澜救唐王朝于水火之中，按说应该成为一代名相。但韩滉为人苛察，总在鸡蛋里挑骨头，指责他人，下属怨声载道，只好无可奈何地编故事坏他名声，所以韩滉在历史上有很多负面评价。

很多情况下，冲突和纠纷发生时，人都觉得自己的行为举止没有不妥。不管对方是否理解，自己先原谅自己，并为自己找借口，把责任推到对方身上。为了解决此问题，孔子提出了待人宽的原则，强调对他人的理解、尊重和包容，并以宽容的心态去对待他人的过失，而不是指责或报复。这样不仅有助于缓解矛盾、纠纷的升级，也有助于提升个人品德，改善人际关系。

宽以待人，不仅是原谅别人的过失、帮助别人改正错误，而且也是在给自己提供宽松和谐的环境。秦穆公在位时，因不听蹇叔的劝告，致使孟明视、西乞术、白乙丙三位将军千里袭击郑国失败被俘。三位将军逃回秦国，没想到秦穆公不仅在郊外迎接他们，还自我检讨，主动承担责任。两年后，秦穆公令孟明视等人去讨伐晋国，然而又被击败。秦穆公这次也没有处罚孟明视，反而检讨这次作战命令中的失误。秦穆公两次宽恕孟明视等将领，让将领们感动不已，他们与士兵同甘共苦，加倍操练，期望回报秦穆公。后来，秦穆公再派孟明视讨伐晋国。这一次，孟明视背水一战，成功击溃晋军。秦国最终战胜晋国，与秦穆公用人不疑、胸怀宽广的领袖风范有着密切关系。秦穆公宽容地对待自己属下的做法，赢得了将士的感激，成就了春秋霸业。

当然，责己严绝非毫无原则地苛责自己，待人宽也绝非毫无底线地纵容姑息他人。责己严、待人宽两者要辩证统一起来，二者相互依存才能实现个人的健康成长和社会和谐。责己严，既不过于苛刻也不过于宽松，必须保持积极的心态和行动；待人宽也要坚守自己的原则和底线，对于不良行为要敢于制止和纠正。责己严、待人宽无论何时都不能违反法律和道德规范。

遵循“躬自厚而薄责于人”的理念，对自己严格要求、对别人宽容大度的人，自然不会招致他人怨恨，必定“远怨”。别人的怨恨，多是因自己没有尊重、理解他人，甚至侵犯他人的权益引起的。一个“严于律己、宽以待人”的人，会时刻反省自己的言行，确保言行举止符合道德规范，并尊重他人的权利和感受，不会随意损害他人的权益。

拓展阅读

孟明视，秦国重臣百里奚之子，幼时与母亲相依为命，艰难度日，长大后在其父影响下为秦国效力。孟明视因武艺高强，受秦穆公的赏识，被拜为大夫。公元前 628 年冬，秦穆公不顾蹇叔和百里奚的谏阻，授孟明视为大将，西乞术、白乙丙为副将攻打郑国。由于受商人弦高游说，他们放弃攻打郑国，在返回途中遭遇了埋伏在崤山地带的晋军的致命打击，全军覆没。孟明视和西乞术、白乙丙两名副将也都做了俘虏。到了公元前 625 年，孟明视向秦穆公请缨讨伐晋国，秦军又打了败仗。孟明视认真总结两次失败的教训，反思自己的不足，并把自己的所有家产和俸禄都拿出来，慰问阵亡将士的家属。公元前624 年夏天，孟明视再次请战。秦军东渡黄河后，孟明视命令士兵烧掉渡河的船，以示背水一战的决心。这次，孟明视带领秦军将士所向披靡，晋军大败。经此战，秦国威震四方，由此奠定了秦国霸业的坚实基础。孟明视的战争经历告诉人们，失败并不可怕，只要能自律自省，从失败中总结教训，坚定信念并持续努力，就一定能够实现自己的目标。

莫见乎隐①，莫显乎微②，故君子慎③其独④也。

出处

《中庸》第一章

注释

① 隐：隐蔽之处。
② 微：细微之事。
③ 慎：谨慎，小心。
④ 独：独处。

译文

隐蔽的地方更容易展现人的德行，细微之事更容易体现人的品行，因此君子在独处时也是小心谨慎的。

解读 这句格言告诫人们要加强自省自律，越是隐蔽、细微之处越能体现人的德行修养。加强自律，关键是在私底下、无人时、细微处能否做到慎独。

“莫见乎隐”，这里的“见”是展现人的德行的意思。相对于大庭广众而言，人在隐蔽无人时，最易放纵自己，认为自己的行为和表现无人得知，从而不自觉地降低对自己的要求和约束，这时很容易被外物诱惑。所以在隐蔽无人知的情况下，最能展现一个人的德行。

东汉时期，杨震奉行儒家道德规范，身体力行，为人做官始终自律自省。后来，杨震被举荐为荆州刺史，后调任东莱太守，途经昌邑时，从前被他举荐的昌邑县令王密深夜来访，以十斤黄金作路费的名义贿赂杨震，并对杨震说，收下这十斤黄金也无人知晓。但杨震对王密说：“天知，神知，我知，子知。何谓无知！”杨震坚决不受，王密只好羞愧离开。杨震和王密深夜相见符合隐蔽的条件，但杨震依然自律自省，没有被金钱诱惑，坚守廉洁的原则，展现了高度的道德自觉和高尚的品行，被后人尊为廉洁奉公、清白传家的“清白吏”。

“莫显乎微”的“显”，是显示人的品行的意思，微小的事务不容易引起大众和社会的关注，多数人在处理微小事务时容易敷衍了事，认为没必要遵守道德规范。其实，看似微小的事务，同样是一面映照人的德行修养的镜子。所以面对微小事务时如何处理，最能展现一个人的品行。

古人一直认为，小节不守，大节难持。大节失守都是从看似细微的小事小节开始的。古人云："千丈之堤，以蝼蚁之穴溃；百尺之室，以突隙之烟焚。"（《韩非子·喻老》）这句话警示后人应该注重细节，谨慎对待每一个可能出现问题的细微事务。唐代宰相陆贽以"清慎"著称，但唐德宗认为他"清慎太过，诸道馈遗，一皆拒绝，恐事情不通"。但陆贽仍坚守他的拒贿之道。反观我们当前查处的很多腐败案例，多数是从接受烟酒礼品开始的，逐步发展为收现金、收卡，最终收受巨额贿赂。所以说，不重小事、不守小节，想要守好德行修养是不可能的。

君子慎独在《大学》也有类似表述："所谓诚其意者，毋自欺也。如恶恶臭，如好好色，此之谓自谦。故君子必慎其独也。"所谓意念诚实，不要自己欺骗自己，像厌恶难闻气味那样厌恶邪恶，像喜爱美丽的女子一样喜爱善良，这样才能说心安理得，所以君子在一个人独处时必定要谨慎。结合《大学》中的内容理解，君子慎独就是要求人们在别人见不到、听不到的地方，独处时不要自欺欺人，一定要保持内心的诚，自觉遵守道德规范，不放松对自己的要求，不要因为微小的事情而不拘小节，思想上莫有邪念，精神上不要松懈。

现实生活中有很多诱惑，大多数人面对诱惑在其他人的监督下可以做到克制。但自己独处时面对诱惑，很容易被迷惑，忘记自己的道德操守。所以，人们应谨记这句格言的告诫，当自己一个人的时候，行事必须诚于己，诚于人，诚于境，谨言慎行，不做失范失德的事。

拓展阅读

2004年3月20日时任浙江省委书记、省人大常委会主任的习近平同志，在浙江日报《之江新语》专栏撰文《小事小节是一面镜子》，其中写道：

于细微处见精神，于细微处也见品德。小事小节是一面镜子，能够反映人品，反映作风。小事小节中有党性，有原则，有人格。古人云："堤溃蚁穴，气泄针芒""巴豆虽小坏肠胃，酒杯不深淹死人"。这揭示了由量变到质变的深刻哲理，也是一些腐败分子带给我们的深刻教训。大多数腐败分子是从不注意小事小节逐步走到腐化堕落境地的。在推杯换盏中放松了警惕，在小恩小惠面前丢掉了原则，在轻歌曼舞中丧失了人格，这样的例子并不鲜见。小事当慎，小节当拘，确是对领导干部的金玉良言。每个领导干部都应慎独慎微，从小事小节上加强自身修养，从一点一滴中自觉完善自己，懂得是非明于学习、境界升于自省、名节源于修养、腐败止于正气的道理，始终保持共产党员的本色。

爱人不亲，反其仁；治人不治，反其智；礼人不答，反其敬。

出处

《孟子·离娄上》

译文

爱别人却得不到别人的亲近，就应该反省检讨自己的仁爱程度够不够；管理百姓却没有管理好，就应该反省检讨自己的智慧够不够；以礼待人却得不到礼貌的回应，就应该反省检讨自己的敬意够不够。

解读 这句格言强调要从自身找原因，才能真正解决问题，体现了儒家反求诸己的自律自省人生态度。

格言中的“反”为反省。在儒家的观念中，人与人的交往是一个双向互动的过程，互动结果最终回返、落实到自己身上。从结果的角度看，爱一个人的结果最终要体现为别人也爱自己。所以，看一个人是否爱自己就知道自己是否爱别人。当爱一个人反而没有得到爱的回应，这首先回返到自身去找原因，即“反求诸己”，反省自己的爱是否真诚。因为儒家的仁是发自内心的、不求回报的。如果不这么反省，把问题责任归咎于他人就容易造成矛盾冲突。有了这种自我反省，不仅可以消除误会，还能体现个人包容他人的德行修养，更容易得到他人的认可。

“爱人不亲”，可能是人世间常有的遭遇，你觉得自己对一个人好，但对方并不能就此和你亲近起来。要知道自己之所以对另一个人表达善意，所谓的“爱人”，本就不该是为了被人亲近，而是源自潜藏于内心的善念，如果自己不这么做，自己会感到不安。

对于其他人来说，按照孟子的观点就是重新检查自己的“恻隐之心”，因为“恻隐之心，仁之端也”（《孟子·公孙丑上》）。同理，对于“不治”“不答”要“反其智”，即反省自己的是非之心；“反其敬”，即反省自己的辞让之心。这些反省都是化解矛盾、避免冲突、提升个人德行修养的路径。

晚清重臣曾国藩每天都会记日记，反省自己的过错。有一次，他与同乡郑小珊发生争执后，他通过自省认识到自己的错误，并在日记中反省道：“恶言不出于口，忿言不反于身，此之不知，遑问其他？谨记于此，以为切戒！”随后，他前往郑小珊府上赔礼道歉，最终两人和好如初。

在处理人际关系时，我们应时刻存有爱人之心，不一味苛责对方，主动反省自身。只有自律自省的人才能管理好自己，儒家反求诸己的自律自省的路径，值得我们传承弘扬。只有将心安于自身，向内自省，才能具有积极的心态，不以物喜、不以己悲，最终成为强大的自己。

拓展阅读

曾国藩非常注意自我反省。曾国藩早年多言健谈，爱出风头。有一次，他的朋友窦兰泉来找他切磋学问。曾国藩没有准确理解好友的意思，结果造成了两人之间的误会。本来是一件交流学问的好事，结果却适得其反，两人不欢而散。曾国藩通过反省，认识到自己“言多尖刻，惹人厌烦”。于是他下定决心，深刻自我反省。通过自省自律，曾国藩的人格修养和事业都取得了巨大成功。他从中感悟道：“凡人一身，只有‘迁善改过’四字可靠。”

及时当勉励，岁月不待人。

出处

东晋·陶渊明《杂诗十二首》（其一）

译文

应当趁年富力强之时勉励自己努力奋斗，光阴流逝，不等待人。

解读 这句格言提醒人们，严格要求自己，珍惜光阴，不断自省和进步，才能在有限的时间里努力学习，实现人生的价值和意义。

“及时当勉励”中的“及时”对应上一句“盛年不重来，一日难再晨”中的“盛年”。“盛年”是指人年富力强之际，这是人的精力最充沛、思维最活跃、最有创造力的时期。盛年时期不仅是人们承担更多的责任和义务的时期，还是个人追求梦想、实现自我价值的关键时期。

孔子曾说：“后生可畏，焉知来者之不如今也？四十、五十而无闻焉，斯亦不足畏也已。”(《论语·子罕》）意思是说：“年少的人是可敬畏的，怎么能判定他的将来赶不上现在的人呢？到了四五十岁还没有闻道，那人也就不值得敬畏了。”这里的道是指人们在社会生活中应该遵循的规律和原则。这些规律和原则是人们在实践中认识和掌握的，遵循这些规律和原则才能成就事业。到了四五十岁还没有掌握规律和原则，不可能再有闻名于世的成就了，因为孔子所处时代的人均寿命是比较短的。四五十岁还未掌握社会生活中应该遵循的规律和原则，究其原因就是在盛年之际，缺乏自律自省，没有努力学习、总结经验教训，没有形成正确的价值观以指导人生发展。

“当勉励”强调了人在盛年之际要自律自省、努力学习、积累经验，并形成正确的价值观以指导实践行动。人们只有努力学习，才能从实践和先人的智慧中获得新知，提升自己的素养和生存发展技能，以积极应对不断发展变化的社会环境；只有积累社会经验，增强对社会的认知和理解，懂得人类社会发展规律，才能在复杂多变的社会环境中获得他人的尊重和支持，以成就自己的事业，实现自己的人生价值；只有形成符合社会发展进步规律的正确价值观，才能形成“我为人人，人人为我”的行为理念，朝着个人健康成长的方向发展。

人在盛年之际，如果不自省自律，不努力学习，即使再聪明，也终将一事无成。北宋文学家王安石创作的《伤仲永》，讲述了天资聪颖的神童方仲永，因被父亲当作炫耀和敛钱的工具，而无法学习，最终沦为一个普通人的故事。这个故事说明盛年之际荒废学习，必定贻误美好的人生。

盛年时期对人生的发展很重要，但盛年时期的时光又是短暂的，所以诗中又提醒人们“岁月不待人”。时光是不以人的意志为转移的，不听命于任何人的安排，但人们的一切活动要在一定的时间内完成，所以必须在时间上自省自律，这样才有学习的机会、总结经验教训的机会、建立正确价值观的机会和建功立业的机会。

为了强调时间的重要性，古人提出了“一寸光阴一寸金，寸金难买寸光阴”（《增广贤文》）的至理名言；为了说明虚度光阴造成的遗憾，古人写下了“明日复明日，明日何其多。我生待明日，万事成蹉跎”（钱福《明日歌》）的名句。这些经典格言，是映照人们对时间的态度和行为的镜子，提醒人们追求有价值的人生，学会珍惜时间、利用时间。

拓展阅读

中国在短短几十年内取得的举世瞩目成就，是中国共产党人以只争朝夕的优良传统带领人民创造出来的。2004年1月15日时任浙江省委书记、省人大常委会主任的习近平同志，在浙江日报《之江新语》专栏撰文《珍惜在位时》，其中写道：

一个领导干部，在位的时间是有限的，在一个地方工作的时间更有限。我们每一个领导干部都要以“只争朝夕”的精神，倍加珍惜在位的时间，充分利用这有限的时间，多为群众办实事、办好事。

“政声人去后，民意闲谈中。”我们每一个领导干部都要常思常想“入党为什么，当‘官’干什么，身后留什么”，视事业如泰山，把岗位看作是为党的事业奉献的机会，当作为人民服务的机会，倍加珍惜在位时，尽职尽责，有所建树，真正做到“为官一任，造福一方”。

静坐常思己过，闲谈莫论人非。

出处

清·金缨 《格言联璧·接物类》

译文

人安静地坐下来时要经常思考自己的过错，与人闲谈时不要讨论别人的是非。

解读 《格言联璧》是清代学者金缨收集先贤警策身心的语句而编写的一本浅近格言集，目的是为后人展示为人行事的规范。

这句格言讲的是，人们需要有自我反省和言行谨慎的价值观，提醒人们要经常反思自己的行为，积极纠正自己的错误，不要随意批评他人，保持谦逊的态度。

“静坐常思己过”，可以从两个方面去理解。

一是，静坐最有利于自我反省过错，强调了自我反省的有效途径。“人非圣贤，孰能无过。”在静坐时的内心平和与冷静状态，有利于正确认识自己和反省自己的过错。所以，到清代时，静坐已被很多文人墨客作为提升自我修养的一种路径。晚清重臣曾国藩就认为，静坐之法是修身的诀窍。

二是，常思己过体现的不仅是自我反省的精神，更是严于律己的高尚品质。从与“闲谈”对应来看，静坐就是闲坐，不是专门修养的静坐。这说明了对自我修养的严格要求，闲坐时不要百无聊赖，要利用好这个时间，反思自己的言行过错。很多人将闲坐时的宁静用以消磨时光，这无疑是对时光的一种浪费。严于律己之人，能充分利用闲坐时光，反思言行过错，能在不经意间实现德行修养的自我提升。正如作家冯骥才所言：“平庸的人用热闹填补空虚，优秀的人以独处成就自己。”

“闲谈莫论人非”，不仅提醒人们在闲暇聊天时，避免谈论他人的过错或不足，还体现了一种自我约束。在人们的生活中，闲谈是一种没有预设话题的交流方式，人们容易放松自我管控，很容易进入张家长李家短的是非曲直话题。这种闲聊，看似无害，但实则可能存在破坏人际关系、败坏个人德行修养的问题。

闲谈中人们容易口无遮拦，说一些对他人不利的话，不能展现对他人的尊重和友好；谈论他人是非不仅会让人觉得缺乏教养，还可能影响个人声誉和形象；闲谈他人是非不仅会影响个人心情，还容易破坏交流的良好氛围。因此，“闲谈莫论人非”告诫人们在享受闲聊的乐趣时，也要自律自省，保持自我管控，避免涉及他人的是非话题，避免在闲聊中失言或做出不恰当的行为。

人们闲谈时，应该选择谈论一些积极、健康的话题。这样不仅有助于增进彼此之间的了解和友谊，还能营造和谐、愉快的社交氛围。

现代生活中热闹居多。在快节奏的社会中，心往往是不平静的。这就要求我们要经常静下心来，独自思考是否有过错，过错有无改正，改正是否向好。进行自我反思和自我批判，进而以是克非、为善去恶。同时，在与人交谈时不要讨论别人的是非得失，不要说别人闲话，甚至抹黑他人。谈论是非不仅会对别人造成不好的影响，还会使我们无法静心，陷于刻薄之中。因此，常自省是有必要的，严于律己，宽以待人。

拓展阅读

金缨，清代学者，浙江山阴人，出身于书香世家。金缨遍览群书时有遇到名言佳句就记录下来的习惯，日积月累渐成规模。自道光二十六年（1846）起，金缨仿学清代医家张惟善《几希录》，辑录成《几希录续刻》，该书出版后得到社会的良好反响。受此激励，金缨便着手进行格言集成的编纂，格言博采儒释道三家众长，涉及经史子集等文献，取名为《觉觉录》。后因卷帙浩繁，刊刻费用巨大，于是删繁就简，选取其中句式整齐、音韵和谐的部分，以类编次，包括学问类、存养类、持躬类、敦品类、处事类、接物类、齐家类、从政类、惠吉类、悖凶类等10类，定名《格言联璧》，于咸丰元年（1851）出版。出版后人们争相传阅诵读，成为指导人们学习处世的经典。《格言联璧》浓缩了中华优秀传统文化的精华，其蕴含的古人修身治国和处世的智慧，时至今日仍有重大借鉴意义。

三　学以修身

天行❶健❷，君子以自强不息。

出处

《周易·乾卦·象传》

注释

❶ 天行：天道。

❷ 健：刚强劲健。

译文

天的运动刚强劲健，君子处事应像天一样，自觉奋斗不息。

解读 这句格言揭示了宇宙自然的运行规律以及人类应有的学习行为准则。

天之运行，四时交替，昼夜更迭，岁岁年年无有止息，这正是刚健之德的生动体现。而君子也应效法天道，不断奋发学习，自我提升。

在《周易》中，“天”象征着宇宙、自然和最高法则，而“行”则是运行与变化，“健”则代表了刚健、有力、不息的特质。将这三个字组合在一起，“天行健”便传达了一个核心思想：宇宙自然在不断运行变化中，展现出其刚健有力的特质。这一思想不仅强调了自然规律的客观性和不可抗拒性，还要求人们必须顺应自然之道，与之和谐相处。

“天地之道，恒久而不已也。”（《周易·恒卦·彖辞》）天地的运行规律是永恒、没有停息的。因此，人们应当尊重并遵循这些自然法则，以达到与天地同频共振的境界。

“君子以自强不息”这一表述，则将人的主观能动性与自我完善紧密结合在一起。有德行的人应该依据自然之道，通过不懈的努力和奋斗，实现自我完善和提升。这句格言还提醒我们在面对自然和社会的各种挑战时，不能被动地接受命运的安排，而应积极寻找解决问题的方法，像天一样力求自我进步，发愤图强，永不停息。

“天行健，君子以自强不息”不仅是中华民族生生不息、傲然屹立于世界民族之林的精神之源和力量之源，更是我们不断进取、勇往直前的动力源泉。

中华民族在历史上从未停止过求新、求进的脚步，许多有作为的政治家、思想家都致力于在创新中探寻国家变革与社会进步之路。“苟日新，日日新，又日新”（《大学·第三章》），“汤武革命，顺乎天而应乎人”（《周易·革卦·彖辞》），“苟利于民，不必法古，苟周于事，不必循旧”（西汉·刘安《淮南子·氾论训》），都是这种精神的深刻见证。

战国时期的商鞅变法、宋代的王安石变法、明代的张居正变法等变革都体现了中华民族永不僵化、永不停滞的精神追求和精神境界。这种求新、求进的动力，正是强大的生命力所在。

“天行健，君子以自强不息”也是中国共产党人的优良传统。在百余年的奋斗历程中，我们党坚持独立自主、开拓创新、拼搏奋斗，带领中国人民战胜各种艰难险阻，向着中华民族伟大复兴不断前进。在这条充满挑战的道路上，无数共产党人以坚定的信念和不懈的努力，谱写出中华民族新的辉煌篇章。他们以实际行动诠释了“自强不息”的真谛，为后世树立了光辉的榜样。

拓展阅读

相传，孔子作《易传》。《易传》不仅极大地丰富和发展了《周易》的内涵，更使其从占卜之书华丽蜕变为深邃的哲学经典。孔子曾感慨：“假使我再多活几年，五十岁开始学习《易经》，便可以避免重大过失。”直至晚年，孔子依然发愤忘食，勤奋研读《易经》，甚至多次翻阅到竹简编绳断裂的程度（著名的典故“韦编三绝”）。这种对学术的执着追求和不懈努力，充分体现了他对《周易》的崇敬与热爱。孔子这位对《周易》有重要贡献的圣贤，在不同的艰难处境中所体现的自强不息精神，不仅是君子品格的生动写照，更是中华民族传统文化中最为宝贵的精神财富之一。

见善如不及❶，见不善如探汤❷。

出处

《论语·季氏》

注释

❶ 及：达到。

❷ 汤：热水。

译文

看到善良的行为，要努力追求，唯恐赶不上；遇到不良的行为，就像把手伸到开水中一样赶快避开。

解读 这句格言强调了人要有向善德善行学习的自觉性和紧迫性。学习善德善行，被孔子认为是修身养性的必修课。

“见善如不及”不仅表达了对崇高道德境界的向往，更激励人们不断学习以超越自我。《世说新语·德行》中记载了一段佳话：东汉末年，陈蕃以“言为士则，行为世范”著称，任豫章太守时，一到治所便准备拜访当地的贤人徐孺子，展现了“见贤思齐”“见善如不及”的高尚情操。这种行为传为千古美谈，彰显了他对道德修养的重视。

“见不善如探汤”则强调了坚守道德底线的重要性，提醒人们在面对不良行为时必须果断拒绝，毫不含糊。古人云：“欲生于无度，邪生于无禁。”（《尉缭子·治本》）人的私欲产生于没有节制，邪恶产生于毫无禁止。若一个人缺乏对崇高道德境界的追求，便难以激发内在的修身养德动力；倘若没有对道德底线的坚守，便会突破外在约束，在错误的道路上越走越远。《世说新语·德行》记载了管宁与华歆的故事。二人曾在菜地里共同劳作，锄到一块金子时，管宁视若无睹，“与瓦石不异”，继续挥锄；而华歆却捡起金子然后丢掉。另有一次，二人同坐一张席子读书，有显贵乘车经过门外，管宁依然专心致志，华歆却放下书本跑去观看。因此，管宁羞于与华歆为伍，毅然“割席分坐”，并说道：“子非吾友也。”

这一举动不仅表现了管宁对不同道者的决裂，还体现了他不谄谀权贵、视金钱如粪土的价值追求，成为后世传颂的典范。真正的君子不仅要有高尚的品德，还要在面对诱惑时保持清醒，坚守内心的善念。

总之，这句格言意在告诉人们：见到美好的德行时，应当心怀敬仰，努力追求，唯恐自己赶不上；而遇到不良的行为，则应深恶痛绝，犹如将手伸入滚烫的热水中，迅速收回。这完美地体现了求善与避恶的辩证统一。人们在积极追寻美好品德的过程中，自然会远离邪恶；远离邪恶，就能够促进善良品质发扬光大。

这句格言对后世人们的德行修养产生了深远影响，向善德善行学习成为中华民族的优良传统。中国共产党人积极传承这种优良传统，不断加强党员干部善德善行的党性修养。习近平总书记多次引用这句名言，意在深刻告诫党员干部，修身养德的核心在于趋善避恶。作为党和人民的中坚力量，党员干部应当时刻保持警醒，铭记为政之德，常思贪欲之害，常怀敬畏之心；应坚持“吾日三省吾身”，以各行各业的先进道德模范为榜样，以贪官污吏为鉴，不断清除心灵中的荆棘与杂草，培养高尚的道德情操；应时刻自念“紧箍咒”，自筑“防火墙”，自架“高压线”，始终做到政治上紧跟党走、经济上严于律己、生活上洁身自好，切实练就“金刚不坏之身”。向善之路的最大拦路虎和绊脚石莫过于贪念和贪欲。

唯有意志坚定、不生非分之念、严格控制贪欲之心、具备强大自控力的人，才能真正达到善的崇高境界。

拓展阅读

“善”自古以来便是仁人志士修身养性的崇高追求，是区分君子与小人最显著的标志，更是治国理政、实现仁政的出发点和归宿。孔子曾说：“士志于道，而耻恶衣恶食者，未足与议也。”又说：“朝闻道，夕死可矣。”（《论语·里仁》）他还强调：“富与贵，是人之所欲也；不以其道得之，不处也。”（《论语·里仁》）他更进一步指出：“不义而富且贵，于我如浮云。”（《论语·述而》）这些深刻的教诲，揭示了向善之路的最大障碍莫过于贪欲。常常克制贪欲之心、不起贪念，乃是修身立德的重要方式，是指引君子行为的基本准则。唯有如此，方能滋养出高尚的品德，达到内心的安宁与平和。修身齐家治国平天下，皆以“善”为根本。

终日不食，终夜不寝，以思，无益，不如学也。

出处

《论语·卫灵公》

译文

整天不吃饭，彻夜不睡觉，去左思右想，结果没有什么好处，还不如去学习为好。

解读 这句格言深刻阐释了“学”与“思”的辩证关系，并特别强调了扎实学习的重要性。孔子认为，“思”是一种理性的活动，在思考的过程中，人们不仅能察觉到自身言行的失误，还能发现不符合道德标准的地方，并加以改正；对于符合道德规范的部分，则可以继续坚持和有力维护。

“思”并非漫无边际、毫无章法的胡思乱想，而是建立在“学”的基础之上，系统地学习借鉴前人的理论成果和经验教训，沿着前人的道路稳步前行。“思”必须以“学”为根基，若不经过系统的学习和实践，而整天沉溺于所谓的人生哲理的空想，就无法做到知行合一，这对个人的成长毫无益处。只有通过脚踏实地，学习钻研，才能逐渐修正自身，不断提升自己的能力。扎实学习不仅为思考提供了坚实的基础，还为行动指明了方向，使我们在追求真理和完善自我的道路上更加从容自信。

孔子不仅强调“学”，更注重“学”与“思”的并重。他精辟地阐述了这一理念：“学而不思则罔，思而不学则殆。”（《论语·为政》）孔子认为，学习和思考是相辅相成、不可分割的两个重要方面。如果一个人只是机械地学习书本知识，却不进行深度思考，那么他所获得的知识就会变得空洞无物，无法真正理解其内涵，最终只会陷入迷茫的状态，失去方向感。反之，若仅仅沉迷于思考而忽视了实际的学习过程，那么思考也会因为缺乏坚实的知识基础而变得虚无缥缈，容易使人陷入困境，甚至迷失自我。因此，孔子特别强调，唯有“学”与“思”有机结合，才能到达真正的学习境界，实现全面发展和个人成长的最优化。

拓展阅读

阅读不仅关乎青年的个人成长，更深刻影响着民族的未来。习近平总书记始终高度重视广大青年的读书学习。2018年5月2日，在与北京大学青年学生的交流中，习近平总书记分享了自己早年的读书心得：“那时候，我读了一些马列著作。15岁的我已经有了独立思考能力，在读书过程中通过不断重新审视，达到否定之否定、温故而知新，慢慢觉得马克思主义确实是真理，中国共产党领导确实是人民的选择、历史的选择，我们走的社会主义道路确实是一条必由之路。”那么，如何才能真正读好书呢？在担任浙江省委书记期间，2006年3月1日，习近平在《浙江日报》《之江新语》专栏发表文章《求知善读，贵耳重目》，深入探讨了这一问题。他指出：“一方面，读书要用‘巧力’，读得巧，读得实，读得深，懂得取舍，注重思考，不做书呆子，不让有害信息填充我们的头脑；另一方面，也不能把读书看得太容易，不求甚解，囫囵吞枣，抓不住实质，把握不住精髓。”

学如不及，犹恐失之。

出处

《论语·泰伯》

译文

学习好像追赶什么，总怕赶不上，赶上了又怕被甩掉。

解读 这句格言表现出一种积极向上、永不停歇的学习精神。

孔子认为知识没有边界，学习是提升个人素养和道德修养的关键，如果停滞不前，就会被时代淘汰。所以，对于学习，必须保持一种紧迫感和焦虑感。

“学如不及”给人一种好像永远赶不上、总是有所不足的感觉，从而鼓励人们不断超越自我，永远保持对知识的渴望。

“犹恐失之”则表达了一种对学习的机会或已学到的知识的珍惜与担忧，警示人们只有不断巩固、实践、更新所学知识，才能最终将其转化为自己的智慧。

无论何时，始终不断地学习、积累，是适应社会、把握时代脉搏的关键所在，也是实现个人价值、奉献社会的必由之路。古代先贤们，秉持着“吾生也有涯，而知也无涯”（《庄子·养生主》）和“路漫漫其修远兮，吾将上下而求索”（《离骚》）的精神，或埋首于古籍经典，或探索于科学前沿，不懈努力，顽强拼搏，不断拓宽着人类认知的边界，为我们树立了崇尚文化与学习的丰碑。

时代在发展，知识更新换代的速度在加快。“学如逆水行舟，不进则退”（《增广贤文》）的紧迫感在带给我们压力的同时，也为我们开辟了更多学习的通道。“学如不及，犹恐失之”犹如璀璨星辰，穿越时空的长河，仍熠熠生辉，成为激励当代人不断追求进步的座右铭。面向未来，人们应以此为指引，在学习中不断追赶，善于积累，与时偕行。

拓展阅读

《史记·孔子世家》记载，孔子曾向师襄子学琴，连续十天只弹同一首曲子，未学新曲。师襄子劝说："你已经掌握了这首曲子，可以增加新的内容了。"孔子却回答："我已经熟悉了曲谱的形式，但还没有掌握弹奏的方法。"过了一段时间，师襄子再次鼓励他："你已经掌握了弹奏技巧，可以继续学习新的内容了。"孔子依然坚持："我还没有领会这首曲子的意境。"又过了一段时间，师襄子赞叹道："你已经领悟了曲子的意境，可以继续学习了。"孔子却说："我还不了解这首曲子的作者。"终于，在一段时间后，孔子神情恍惚，仿佛进入了一个全新的境界。他时而庄重穆然，若有所思；时而怡然高望，意志深远。孔子最终感叹道："我知道他是谁了。那人皮肤黝黑，体形颀长，目光炯炯，宛如一位统治四方诸侯的王者。这曲子如果不是周文王所作，还能是谁呢？"师襄子听后，连忙起身再拜，说道："我的老师也曾这样认为，这的确是《文王操》。"

敏而好学，不耻下问。

出处

《论语·公冶长》

译文

聪明而又喜欢学习，不以向地位、学问不如自己的人请教为耻。

解读　这句格言强调了学习态度的重要性，认为一个聪明且热爱学习的人应该具备谦虚的品质，不局限于向地位高、学问深的人学习。

这句格言出自子贡与孔子的一段对话。子贡问曰："孔文子何以谓之文也？"子曰："敏而好学，不耻下问。是以谓之文也。"孔文子即孔圉，谥号"文"。对此，子贡不解，因为"文"往往指道德高尚、学识渊博、慈惠爱民等地位高的人。子贡认为孔圉达不到标准，于是请教于孔子。孔子告诉他，因为孔文子"敏而好学，不耻下问"，所以才被称为"文"。

"敏而好学"，指的是天资聪颖且对学问充满好奇与热情，乐于不断学习。"不耻下问"则强调在学习遇到困惑、需要向别人请教时，不要因为对方的社会地位或身份、学识不如自己而感到羞耻或不好意思，而是要敢于向任何人请教。

"敏而好学，不耻下问"，不仅体现了对知识的尊重，也彰显了对谦逊品质的推崇。真正的智者对待知识总是孜孜以求，不懂就问，不会因为所请教之人不如自己而感到羞耻。这种态度体现了儒家的中庸之道和谦虚谨慎的品德，这也是孔子教育思想中的一个重要方面。

"敏而好学，不耻下问"，是一种科学的学习态度与学习方法。清代刘开在其《问说》中言："君子之学必好问。问与学，相辅而行者也。非学无以致疑，非问无以广识；好学而不勤问，非真能好学者也。”学与问，是相辅相成的，在学中问，在问中学，此乃真学也。所以，我们在学习上要具备谦虚、勤奋和诚实的品质。只有不断学习，勇于提问，才能不断拓宽自己的知识面，最终取得卓越的成就。

拓展阅读

谥号，是古代地位较高的人去世后，朝廷或后人对其一生给予的总结性评价，往往用一两个字来表达，如“文”“武”“康”“庄”“成”“惠”“景”“孝”等，具有盖棺论定之意。此制度起源于西周时代，除秦以外，其他历代王朝广泛使用。谥号有三类：美谥、平谥和恶谥。美谥表示赞美，如“文”“武”；恶谥表示贬低，如“厉”“炀”；平谥如“哀”“怀”等。在古代，谥号往往是给帝王、妃嫔、大臣以及有地位的人，用来概括其一生，或褒或贬。但贬已故之人，是古人比较反感的，所以宋代以后基本上消除了恶谥。获得美谥的，往往是才能非凡、道德高尚、勤学有为之人，安乐抚民的君主等，如周武王、孔文子、汉文帝、范文正公等。

三人行，必有我师焉。

出处

《论语·述而》

译文

多人同行，其中必定有可以当我老师的人。

解读 这句格言深刻地强调了一种谦逊的学习态度和学习方法。

当我们与他人同行时，或许他们的经历、知识、技能或思维方式与我们截然不同，但正是这些差异为我们提供了宝贵的学习机会。也许某个人在某个领域有着独到的见解，另一个人则具有丰富的实践经验，而第三个人可能具备敏锐的洞察力。

“圣人无常师”，在孔子看来，学习不应局限于固定的老师或课本，知识的获取也不应仅仅依赖于老师。孔子认为，每个人都有可能成为我们的老师，只要他们有我们所欠缺的知识、品德或经验。孔子本人便是这一理念的践行者。孔子进入太庙时，每事必问，展现出对知识的渴求。孔子认为，若遇到在某些方面胜过自己的贤者，切勿嫉妒，而应积极向其学习，力求见贤思齐。反之，若发现他人存在不足，也绝不可嘲笑或诋毁，更不应随意议论，而是应当以此为鉴，反躬自省，做到“有则改之，无则加勉”。

无论是谁，只要我们用心去观察和聆听，总能从他们身上学到一些值得借鉴的东西。因此，不必过于在意对方的身份、地位或背景，真正的智慧往往隐藏在平凡之中。每个人都有其独特之处，关键在于我们是否拥有一双善于发现的眼睛和一颗愿意学习的心。三人同行，他们中的每一位都可能成为我们的良师益友，教会我们未曾知晓的道理，引领我们走向更广阔的天地。因此，我们应该虚心向有识之士求教，不断充实自己。

总之，“三人行，必有我师焉”不仅仅是一句古训，更是一种生活态度。它告诉我们，在这个多元化的世界里，学习无处不在，机会无时不有。

拓展阅读

“圣人无常师”，即圣人也没有固定不变的老师，这一论断，出自唐代文学家韩愈的《师说》。韩愈在这篇文章中说：“圣人无常师。孔子师郯子、苌弘、师襄、老聃。郯子之徒，其贤不及孔子。孔子曰：三人行，则必有我师。是故弟子不必不如师，师不必贤于弟子，闻道有先后，术业有专攻，如是而已。”韩愈以大家熟知的孔子为例，指出古代圣人重视师道的事迹，进一步阐明从师的必要性和以能者为师的道理。“圣人无常师”中的圣人，指具有智慧和高尚品德的人；无常师，不能简单理解为没有固定的老师，从前后文来看，应该包括了灵活多变的学习方法和一切有益的学习对象。这句话强调的是，真正有智慧的人在学习和成长的道路上，不会局限于特定的老师或特定的学问、修养，而是向不同的人学习各种知识和经验，不断提升自己的学问修养。在今天这样一个对人们素养要求越来越高的时代，重温“圣人无常师”的智慧，可以让人们以更加开放的心态交流互动，广泛涉猎文化知识，勇于探索未知，这样必定有益于人的全面发展。

千里之行，始于足下。

出处

《老子》第六十四章

译文

千里的远行，是从脚下第一步开始走出来的。

解读 这句格言揭示了行动与成功之间的紧密联系。在老子看来，任何伟大事业或远大目标的实现都不是一蹴而就的，而是需要循序渐进、持之以恒。只有从最基本的行动做起，不断积累经验和智慧，才能最终到达成功的彼岸。

这一格言对后世产生了深远的影响。《荀子·劝学》中提到："不积跬步，无以至千里；不积小流，无以成江海。"荀子强调了坚持不懈的重要性，得出了"锲而不舍，金石可镂"的结论。《礼记·中庸》也指出："君子之道，辟如行远必自迩，辟如登高必自卑。"意即君子走远路，一定要从近处起步；攀登高山，一定要从低处启程。湖南岳麓书院至今仍保存有自卑亭这一古迹，意在告诫前来求学的年轻学子，无论是求学问道还是修养身心，都必须从基础做起，只有日积月累、循序渐进，方能厚积薄发。南北朝时期的刘昼在《刘子·崇学》中写道："为山者，基于一篑之土，以成千丈之峭；凿井者，起于三寸之坎，以就万仞之深。"这体现了古人对积累和坚持的重视，彰显了"千里之行，始于足下"这一哲理的深远意义。

这一格言提醒人们，任何伟大的事业都离不开扎实的基础和不懈的努力。无论是在个人成长还是社会发展过程中，每一个微小的进步都是通向成功的基石。我们应当从点滴做起，踏踏实实地走好每一步。没有恒心，就无法成就事业。唯有坚持不懈、稳扎稳打，方能成就非凡事业，才能在岁月的长河中留下深刻的足迹，书写属于自己的辉煌篇章。

拓展阅读

《荀子·劝学》是《荀子》一书开宗明义的第一篇，围绕“学不可以已”这个中心论点，阐述了学习的效用、意义、目的、态度、方法以及有关教育的一系列问题。荀子的学习不局限于学习书本知识，还包括学习其他方面的知识以及修身养性等。“学不可以已”，强调了学习的持续性和重要性。通过“青，取之于蓝，而青于蓝；冰，水为之，而寒于水”，说明学习可以使人超越原有的水平和境界。学习使人变得更加智慧和明达，“假舆马者，非利足也，而致千里；假舟楫者，非能水也，而绝江河”。学习可以改变人的气质和品行，“君子博学而日参省乎己，则知明而行无过矣”。学习需要持之以恒、专心致志的态度，才能取得真正的成就，“锲而舍之，朽木不折；锲而不舍，金石可镂”。文章论述了积累的重要性，认为学习是一个不断积累的过程，“积土成山，风雨兴焉；积水成渊，蛟龙生焉；积善成德，而神明自得，圣心备焉”。这说明只有通过不断积累，才能到达更高的境界。

不积跬步[1]，无以至千里；不积小流，无以成江海。

出处

《荀子·劝学》

注释

[1] 跬步，本指半步，跨一脚，引申为举步、迈步，也形容极近的距离、数量极少等。

译文

不积累一步半步的距离，就无法到达千里之外的地方；不积累细小的流水，就不能汇聚成江河大海。

解读 这句格言阐明了积累对于成功的重要性，强调了任何远大理想目标和伟大事业的实现，都需要从最初的“跬步”“小流”开始长期积累，不可拔苗助长。

“不积跬步，无以至千里”，用人行走千里之距的过程来类比实现远大理想目标的过程。侧重点是持久性和程度，不仅强调远大理想目标的实现是一个个小目标积累的结果，更强调了只有可持续的长期积累才能实现远大理想目标，每一个小的理想目标实现的程度影响着远大理想目标的实现。

每一个人无论年龄大小，都有自己的远大理想目标，但能实现这些远大理想目标的是少数，原因是多方面和复杂的。但从这条格言来看，需要人们反思个人的远大理想目标，有没有为其服务、打基础的若干小目标。人们要实现远大的理想目标，首先要确立服务于长远目标的若干小的目标，并为实现小的目标而努力奋斗。只有这些小目标实现的积累，才能实现远大理想目标。任何远大理想目标的实现不是一蹴而就的，都是一个渐进的过程。

“不积小流，无以成江海”，用江海形成的过程来类比开创伟大事业的过程。侧重点是广域性和范围，强调伟大事业的成功是取得不同领域成就积累的结果，取得成就的范围也影响着伟大事业的规模。所以，人们要开创伟大事业，必须立足现实，努力奋斗，先取得一个个小的成就，以此激发信心和动力，为伟大事业积累经验、创造条件。

每一个人的内心深处，都镌刻着自己的人生理想目标。在追求这些理想目标的过程中，难免遭遇困难与挑战，而积小胜为大胜的深远智慧与不懈的耐心就必不可少。脚踏实地、持之以恒、一步一个脚印地积少成多，是无数成功者的不二法宝。屠呦呦历经多次实验，终于成功提取出了青蒿素。

“不积跬步，无以至千里；不积小流，无以成江海”这句格言在今天仍具有重要的意义。它劝喻人们无论何时都应当自强不息，在法律和道德允许的范围内，脚踏实地，持之以恒地为了理想而奋斗，不能因为一时的挫折而心灰意冷，也不能急于求成。要通过不断积累，积极促成成功，切不可消极倦怠，避免棋错一着而满盘皆输。

这句格言不仅对个人的事业、前途有启示和借鉴意义，对一个政党、国家、民族的兴旺发达同样具有重要的指导意义。中国共产党一百多年来的历程和取得的成就，印证了这句格言的魅力。中国共产党一成立就把实现共产主义作为远大的理想目标，为了实现这个远大理想目标，在不同阶段又制定了不同的具体目标，先实现民族独立和人民解放的目标，后又实现社会主义工业化的目标、全面建成小康社会的目标，今天正在努力实现全面建成社会主义现代化强国的目标。这些不同阶段目标的实现，正是一代代共产党人接续努力奋斗的结果，服务于共产主义这个远大理想目标。

拓展阅读

屠呦呦发现青蒿素的过程就是“不积跬步，无以至千里；不积小流，无以成江海”的生动展现。在青蒿素的研究过程中，屠呦呦及其团队经历了无数次的失败。但屠呦呦并未就此放弃，而是坚持不懈地开展实验。她坚信青蒿中一定有抗疟的有效成分，只是提取方法还有待改进和完善。在积累了一次次实验数据和失败经验的基础上，屠呦呦终于取得了突破性进展，成功提取出了青蒿素，为人类健康作出了巨大贡献。

独学[1]而无友，则孤陋而寡闻。

出处

《礼记·学记》

注释

[1] 独学：独自学习，不了解外部动向。

译文

如果学习中缺乏学友之间的交流切磋，就必然导致知识狭隘，见识短浅。

解读 这句格言深刻揭示了学习中相互交流探讨的重要性。若独自埋头苦读而不与他人交流切磋，思维难免会变得僵化，难以创新，无法汲取广博的知识，最终导致见识狭隘、视野有限。相反，只有在学习过程中敞开心扉，积极与他人交流，取长补短，相互观摩，集思广益，才能弥补自身的不足。

事实上，朋友间的切磋是中国传统儒学教育理论的一大特色。儒家始终强调互学互助是增长知识、修养德行的重要途径。正如孔子所言："三人行，必有我师焉，择其善者而从之，其不善者而改之。"（《论语·述而》）这句格言不仅体现了对交流碰撞的重视，更揭示了通过他人的智慧来提升自我的重要性。东吴时期的孟宗便是摆脱孤立求学处境、脱颖而出的典范。孟宗出生在一个普通农民家庭，自幼与母亲相依为命。年幼时，他有幸跟随名师李肃求学，勤奋刻苦，才思敏捷，在夜深人静时仍埋头苦读，孜孜不倦地学习知识。孟宗的母亲十分疼爱他，深知求学之路的艰辛。寒冬时节，她特意缝制了一床又大又厚的被子，亲自送到学校，不仅让孟宗御寒，还让孟宗慷慨地帮助其他家境贫寒的同学，以增进彼此之间的友谊和互助精神。在母亲的悉心教导下，孟宗不仅品学兼优，尊师重道，待人友善，还赢得了同学们的敬重与喜爱。大家愿意与他亲近，共同探讨学习心得，分享知识与智慧，使他的视野日益开阔，学业蒸蒸日上。最终，凭借卓越的才华和高尚的品德，孟宗得到了老师的青睐与悉心指导，官至司空，成为一代名臣，备受后世景仰。

“独学而无友，则孤陋而寡闻”这一格言，不仅适用于个人成长，还适用于国家、民族和文化的交流与发展。在纪念孔子诞辰2565周年国际学术研讨会暨国际儒学联合会第五届会员大会开幕会上，以及在接受美国《华尔街日报》采访时，习近平总书记均引用了这句古训，表达了对文化交流和文明对话的态度。

这一格言提醒人们，在面对人类社会创造的各种文明时，既不能盲目自卑，丧失民族自信，也不能过度自傲，抱门户之见。相反，各国应珍视本民族文化，同时积极参与文明间的互学互鉴，共同推动人类文明的交流与融合。正如习近平总书记所说：“文明因交流而多彩，文明因互鉴而丰富。任何一种文明，不管它产生于哪个国家、哪个民族的社会土壤之中，都是流动的、开放的。这是文明传播和发展的一条重要规律。”可见，在国家和民族的发展中，开放的心态和广泛的交流都是不可或缺的。唯有如此，我们才能在全球化的时代中不断进步，共同创造更加美好的未来。

拓展阅读

2014年9月24日，习近平总书记在纪念孔子诞辰2565周年国际学术研讨会暨国际儒学联合会第五届会员大会开幕会上的讲话中说：“‘独学而无友，则孤陋而寡闻。’对人类社会创造的各种文明，无论是古代的中华文明、希腊文明、罗马文明、埃及文明、两河文明、印度文明等，还是现在的亚洲文明、非洲文明、欧洲文明、美洲文明、大洋洲文明等，我们都应该采取学习借鉴的态度，都应该积极吸纳其中的有益成分，使人类创造的一切文明中的优秀文化基因与当代文化相适应、与现代社会相协调，把跨越时空、超越国度、富有永恒魅力、具有当代价值的优秀文化精神弘扬起来。进行文明相互学习借鉴，要坚持从本国本民族实际出发，坚持取长补短、择善而从，讲求兼收并蓄，但兼收并蓄不是囫囵吞枣、莫衷一是，而是要去粗取精、去伪存真。”

学然后知不足。

出处

《礼记·学记》

译文

经过学习，才知道自己知识的不足。

解读 这句格言深刻揭示了学习与自我认知之间的紧密联系。

这句格言原文为："是故学然后知不足，教然后知困。"它告诉人们，只有在真正开始学习之后，才会逐渐意识到自己知识的匮乏和能力的有限。这种认识并非一蹴而就，而是通过持续不断学习和实践逐步得出的。东晋的车胤自幼勤奋好学，白天忙于做家务，夜晚才能有时间读书。但他因为家里贫穷买不起灯油，无法在夜晚读书。于是他在夏天夜晚捉萤火虫，然后装在纱袋里，用萤火虫的光亮来学习。车胤正是在学习中意识到自己对知识的追求和环境的限制，于是用萤火虫照明的办法来克服困难，继续学习。

当人们发现自己在某些领域的不足时，才能有针对性地进行深入研究和探索，从而向更高的学术境界迈进。在学习过程中，遇到晦涩难懂的内容时，不应轻易放弃，反而应该将其视为宝贵的挑战和机遇。正是这些难点能够激发我们的思维潜力，促使我们从不同的角度去思考问题，从而获得更深层次的理解和启发。每一次克服困难的经历都是一次成长的机会，使我们在知识的海洋中不断拓宽视野，丰富阅历。

"学然后知不足，教然后知困"这一理念不仅强调了学习的重要性，还体现了教与学之间的互通性和相互促进的关系。教学相长的模式为人们提供了一种有效的自我提升途径：在教授他人的过程中，人们会更加清晰地认识到自己理解不透彻的地方，进而进行更深入的学习和思考。这种双向互动不仅提升了个人的知识水平，还培养了批判性思维和创新能力，使人们不断取得新的突破。

拓展阅读

《学记》是中国古代经典文献《礼记》中的一部重要篇章。作为中国古代教育思想的瑰宝，《学记》以其形象生动的比喻和言简意赅的语言，全面而系统地探讨了教育的各个层面，深刻影响了后世的教育理论与实践。在《学记》中，作者不仅详细阐述了教育的目的和作用，还深入分析了教学的方法和制度，特别强调了教师在教育过程中的重要作用和地位。教师不仅是知识的传授者，更是学生人格塑造的引路人。教师的言行举止对学生有着深远的影响，因此必须具备高尚的品德和卓越的教学能力。此外，《学记》还关注教学过程中可能出现的各种人际关系问题，指出良好的师生关系是有效教学的基础，而和谐的同学关系则有助于营造积极的学习氛围。通过对这些问题的探讨，《学记》为后世提供了宝贵的经验和指导。它不仅是中国古代最早专门论述教育和教学问题的论著，也是世界上最早的教育专著之一，其内容丰富、见解独到，对中国乃至世界教育史都产生了深远的影响。

玉不琢，不成器；人不学，不知道。

出处

《礼记·学记》

译文

玉石不经过雕琢，就不能变成好的器物；人不经过学习，就不会明白道理。

解读 这句格言用类比的手法强调了学习对于个人成长的重要性。

“玉不琢，不成器。”原始玉石若不经过成千上万次的精心雕琢与打磨，不可能成为一件精美的玉器。其实每个人都是一块璞玉，具有不同的价值与美，只有通过持之以恒地打磨与努力，才能焕发出内在的光彩。

人接受教育的过程，恰似手艺人打造一件精美的玉器，不是一蹴而就的，必须具有耐心与毅力。当然，并不是所有的玉石都能打磨成一件精美的艺术品，它或许有些许瑕疵，但仍具有一定的价值。因此，人们也要学会接受自己的不完美，并相信通过学习与努力，可以修正不完美之处，缩小与他人的差距。东汉末年东吴著名将领吕蒙，小时候因家境贫困，没有上学读书，不到成年就从军打仗了，行军期间更是没有时间去读书。因在作战中表现勇猛，吕蒙引起了统帅孙权的关注。孙权觉得吕蒙如果再多看一些书的话，学习借鉴先人智慧，肯定会有更大的作为。于是，吕蒙在孙权的劝说下，下定决心勤奋读书，最终让自己变得与众不同，成为一名有卓越的战略眼光和军事才能的将领。

“人不学，不知道。”学习是获取知识、认识世界的重要途径，其重要性不言而喻。《尚书·周官》有言“不学墙面”，《抱朴子·外篇·勖学》也提出了

“不学而求知，犹愿鱼而无网焉，心虽勤而无获矣”的观点。学习不仅是个人智慧与能力的基础来源，更是解锁认知潜能、适应社会的关键。倘若放弃学习，个人的社会化过程便会受到限制，很难构建一套符合社会的价值观念，导致与社会脱节，错失发展的机遇。

“玉不琢，不成器；人不学，不知道”在今天仍具有重要启示。在学的过程中，我们要以千琢璞为玉、百炼铁成钢的意志，稳坐清冷板凳，安然于孤寂之境，坚信“宝剑锋从磨砺出，梅花香自苦寒来”，绽放属于自己的精彩。

拓展阅读

玉文化在中华传统文化中有着悠久的历史。玉有五德，即仁义智勇洁。故“君子比德于玉”“谦谦君子，温润如玉”以玉譬人，来表达人本性的善，体现内在的美好品质。质地温润的玉石放在手中，是温热柔和的，如和煦的阳光温暖心房，代表着仁爱。玉纹理自内向外都是表里如一，即使破碎也绝不在中间折断，象征着勇与义。玉虽有棱角，但不伤人，击打玉石发出清脆的声音，象征着智慧和君子的清风高节。君子玉不离身，通过玉的内涵来督促自己修身养性。

读书百遍而义自见。

出处

三国·鱼豢《魏略·儒宗传·董遇》

译文

能把一本书读上百遍，它的意思自然能够显现出来了。

解读 这句格言说明了重复阅读对于深化理解和掌握知识的重要性。

这句格言全文是："人有从学者，遇不肯教，而云'必当先读百遍'。言'读书百遍而义自见'。"在这里，董遇告诉前来求教的人，在这之前必须先读书百遍。读书上百遍，它蕴含的内涵、道理自然而然地就显现出来了。

"读书百遍而义自见"蕴含着深化理解、巩固记忆等内涵。获取知识、提升能力，不是一蹴而就的，它需要耐心和恒心。通过反复阅读和思考，才能将书中的知识和思想内化为自己的认知，达到学以致用的目的。在知识的海洋中，唯有持之以恒地探索和思考，才能真正领悟其中的奥秘，实现自我提升和智慧的增长。

在中国传统文化中，读书既是一种修身养性的行为方式，也是一种高尚的精神追求，备受古人重视与推崇。苏轼所言"旧书不厌百回读，熟读深思子自知"（《送安惇秀才失解西归》）和杜甫所言"读书破万卷，下笔如有神"（《奉赠韦左丞丈二十二韵》）强调了读多次和多读书的价值和意义。

在古代，书籍稀缺珍贵，而先贤们却求知若渴，视读书为至高无上的追求。当前我们生活在一个书籍触手可及、信息爆炸的时代，然而这份唾手可得的丰富资源却往往被手机的即时快感所掩盖。因此，放下手机，怀揣敬畏之心，重拾书本，找回阅读的乐趣与价值，才能在这个心灵匮乏的时代，让书籍成为我们的精神食粮，引领我们走向更加充实与美好的人生。

拓展阅读

董遇，字季直，三国时期魏国人，以其敦厚好学的品质闻名。他善治《老子》并为其作注，亦精通《左传》，撰写了研究心得《朱墨别异》。建安年间，董遇被举为孝廉，后任黄门侍郎，魏明帝时入朝为侍中、大司农。董遇小时候在打柴和做农活时，总会带着各种书籍，利用空闲时间读书。有一次有人向他求教，他告诉来者要读书百遍。来者说没有时间读书，董遇告知其要充分利用“三余”勤读，即“冬者岁之余，夜者日之余，阴雨者时之余也”，这三个时间段都是读书的好时间，所以要利用好一切可以利用的闲暇时间勤读书。

四　遵规守矩

令[1]仪令色，小心翼翼[2]。

出处

《诗经·大雅·烝民》

注释

1 令：和善。

2 翼翼：谨慎的样子。

译文

仪态端庄、面色和善，做事谨慎小心，丝毫不敢疏忽。

解读 这句格言赞美人的仪表和做事态度，强调了为人处世中遵守规则是一种美的表达。

“令仪令色”中的“令仪”指和善、端庄的仪态，重在表达人的外在美；“令色”指和颜悦色的表情，重在表达人的内在美。“令仪令色”表现了人内外兼修而形成的外在美和内在美的和谐统一，给人以美好的印象。只有符合礼的规定并与情景相配的装束打扮，才能给人以美好的印象。

周朝是中国历史上礼乐制度发展的重要时期。礼乐文化强调礼仪规范与道德修养，旨在通过礼制实现社会的和谐。比如，在朝会中，贵族们都会身着华美的礼服，仪态端庄，神色庄重，以展现出对君主的尊重和对场合的重视。

“小心翼翼”则形容一个人做事非常谨慎小心，不敢有丝毫疏忽。这不仅是对行为的描述，更是一种责任感的表达，强调了内心的谨慎与敬畏，注重在事务上不出现失误和差错，体现了内在的修养与自律。就像士大夫在处理政务时，总是谨慎小心，深思熟虑，生怕出现一丝差错，因为他们深知自己的决策关系到国家的安危和百姓的福祉。

这种由内而外的自我约束与责任感，成为后世的修身准则。因此，这不仅是对个人行为的规范，也是礼乐文化与政治智慧的集中体现。这一理念在历史长河中不断传承与发展，成为中华优秀传统文化的重要组成部分。

谨慎的态度能帮助我们避免错误，减少风险。谨慎是必要的，但过分谨慎也可能导致错失良机。如何在谨慎与果断之间找到平衡，是人们在人际交往和社会工作中需要思考的问题。

“令仪令色，小心翼翼”，从字面上看，是在描述一个人外表端庄、和善，内心谨慎。这反映了中国传统文化把外在的仪表和内在的谨慎作为衡量一个人品德的重要标准。只有符合礼的规定的装束打扮和行为表现，才是美好的仪容和谨慎的态度。这反映了对礼的尊重，也是自我修养的体现。

这句格言提醒人们，在注重外在形象的同时，更要保持内心的谨慎和责任感，如此才能在人际交往和社会工作中赢得他人的尊重和认可。

拓展阅读

《诗经》作为中国第一部诗歌总集，收录了自西周初年至春秋中叶五百多年的诗歌作品，共305篇，分为风、雅、颂三部分。其中，《大雅》主要涉及贵族祭祀、朝会、宴飨等重大场合的乐歌，承载了周代礼乐文化的精神内核。《烝民》是周宣王时代的重臣尹吉甫送别另一重臣仲山甫的诗。

宣王派仲山甫筑城于齐，在他临行时，尹吉甫作了这首诗送给他。《毛诗序》说：“《烝民》，尹吉甫美宣王也。任贤使能，周室中兴焉。”朱熹《诗集传》说：“宣王命樊侯仲山甫筑城于齐，而尹吉甫作诗送之。”两相比较，朱说更贴近主题。此诗除了赞颂仲山甫的品德功绩外，还有特殊之处。《批评诗经》说：“语意高妙，探微入奥，又别是一种风格，大约以理趣胜。”此诗确有多处讲理性的章节，如开头四句“天生烝民，有物有则。民之秉彝，好是懿德”，就以理念取胜，讲的是天道和人性的大道理，转而说明仲山甫的品德才能是顺天之则的。后来《孟子·告子上》就引此诗作为阐述性善论的依据，以后的宋明理学家言性与道，也多引此句作为佐证。此诗说理之处虽多，但读起来并不枯燥，因其道理讲得合乎情理，还不时采用一些民间谚语、俗语，很有趣味；加之用词精当，以至诗中许多词语一直流传到今天，如：柔茹刚吐、小心翼翼、明哲保身、爱莫能助、穆如清风等。诗中还多用叠字，如：业业、捷捷、彭彭、锵锵等，达到绘声绘色的效果，使此诗既生动又入理，增加了诗的表现力。

君子动则思礼，行则思义，不为利回，不为义疚。

出处

《左传·昭公三十一年》

译文

君子在行动之前要考虑是否合乎礼义，在办事时要考虑是否合乎道义，不做因为私利而违背礼义的事情，也不做因为不合乎道义而使自己内心感到内疚的事情。

解读 这句格言是对君子坚持行为准则的精辟论述，深刻揭示了礼和义在君子道德修养和行为规范上的重要性。

“君子动则思礼”中的君子，原指领导者、统治者。春秋时期社会动荡，礼坏乐崩。左丘明作为鲁国的史官，深感社会动荡之痛。他对社会秩序和道德修养进行深刻反思，认为统治者违背礼义的规定、相互争利是直接原因，主张通过恢复和遵循礼义来维护社会秩序，实现国家长治久安。只要各级统治者遵守礼义的规定，就给社会和谐、稳定做好了引领。

孔子曾说：“君子之德风，小人之德草，草上之风必偃。”（《论语·颜渊》）君子的道德品质好比是风，小人的道德品质好比是草，当风吹到草上面的时候，草就必定跟着倒。孔子强调了领导者在社会风尚、德行教化中的责任和引领示范作用。统治者以礼、义为行动准则，不仅是个人的道德修养问题，更是社会责任，其对于稳定社会秩序、缓和社会矛盾具有重要意义。

周初制定的礼是人们行为规范的重要准则，规定了人们在不同场合、面对不同对象时应采取的正确态度与行为方式，具有维护社会秩序、促进人际和谐的重要作用。颜回问孔子如何进行仁的德行修养时，孔子说：“非礼勿视，非礼勿听，非礼勿言，非礼勿动。”（《论语·颜渊》）不合礼的事不看，不合礼的话不听，不合礼的话不说，不合礼的事不做。孔子强调人的一切行为规范要符合礼的规定。所以“动则思礼”，不仅展现了个人德行修养，更有利于确保社会生活的有序进行。君子通过践行礼，展现出对社会的责任感与对他人的尊重，成为社会秩序的守护者。

春秋时期的义指为人处世的合宜性。义既是道德准则，也是政治原则，对人的社会行为有重要指导意义，是为人处世合法性的重要依据。人的行为规范虽然以礼而行，若不适宜、不恰当，这个社会也必定混乱无序。孔子强调：“君子之于天下也，无适也，无莫也，义之与比。”（《论语·里仁》）君子对于天下的事情，没有规定一定要怎样做，也没有规定一定不要怎样做，而只考虑怎样做才适宜、恰当。这说明为人处世不能墨守成规、固执己见；要有所为，有所不为，还要问应不应该做，是否适宜、恰当，应该做的就做，不应该做的就不做。所以“行则思义”矫正了片面遵守礼导致行为不恰当、不适宜的错误。

君子在行动之前会慎重考虑自己的行为是否符合社会公认的道德规范，以避免做出失礼的行为。首先，君子在办事时要考虑是否合乎道义。道义是人类社会共同追求的价值观，君子要以道义为准则，确保自己的行为不仅合法而且合乎道德要求。其次，君子“不为利回”。这意味着君子不做因为私利而违背礼义的事情。在现实生活中，面对各种诱惑，君子能够坚守原则，不为私利所动摇，始终坚持正确的道德选择。最后，君子“不为义疚”。这表明君子在行为上始终遵循道义，内心坦荡，不做因为不合乎道义而使自己内心感到内疚的事情。

总之，这句格言强调了君子在道德修养和行为准则上的严格要求，体现了中华优秀传统文化对于理想人格的追求。

拓展阅读

《左传》全称《春秋左氏传》，儒家十三经之一，是中国第一部叙事详细的编年史著作，相传是春秋末年鲁国史官左丘明所作，记叙了自鲁隐公元年（前722）至鲁悼公四年（前464）各国政治、经济、军事、外交和文化方面的重要事件和重要人物。《左传》不仅是一部重要的历史文献，还是一部深刻反映儒家正统观念、民本思想、崇礼尚德、春秋大义、忠孝观念以及进步的历史观等内容的作品。

七十而从心所欲，不逾矩。

出处

《论语·为政》

译文

到七十岁时，能够随心所欲为人处世，但不超越规矩和法度。

解读 这句格言表现了遵规守矩的最高境界。

这句格言全文为："子曰：'吾十有五而志于学，三十而立，四十而不惑，五十而知天命，六十而耳顺，七十而从心所欲，不逾矩。'"这是孔子对于个人成长和道德修养过程不同阶段的具体描述。

这种"从心所欲不逾矩"，是孔子德行修养的最高境界的表现，更是遵规守矩的模范表现，体现了为人处世的行为自由与外在行为规范的和谐统一。在这种状态下，人的行为不再受到外在规范的强制约束，而是出于内心的自觉，即外在的行为规范已内化于心、外化于行。

对这句格言的解读，历来有不同的视角。有的学者认为，这是指在道德修养上达到了随心所欲却不会逾越规矩的境界。也有人认为，这表现了孔子在七十岁时心境最为成熟和自由，能够与世界圆融相处。无论哪种解读，都指向了一个核心思想：通过不断学习和自我提升，最终达到内外合一的境界。

孔子认为，人的思想境界随着年龄的增长和学问的积累逐渐提高，最终达到一种自由的境界，即能够随心所欲地行事，而不会逾越道德和礼法的界限。

在生活当中，很多人认为遵规守矩束缚了手脚，影响了个性发展，把人类生活中的规则和个体的自由对立起来。人类生活的实践已经证明，规则和自由是不矛盾的。社会规则是保障个人自由的前提。没有社会规则，个体自由就没有保障。正是有了社会规则，才保障了个人权益，为自由发展创造了条件。所以每个人首先要学会遵守规则。在这一方面我们要学习、借鉴孔子的智慧。

孔子的这种思想不仅影响了儒家学派的发展，也成为中国传统文化中关于个人修养和社会理想的重要理念。它激励后世的人们不断追求道德修养的提升，努力实现内心自由与外在规范的和谐统一，为社会的和谐与进步贡献自己的力量。

拓展阅读

孔子所处的春秋末期，周初建立的礼制规范被破坏。各诸侯国之间为了攻城略地、争夺财富而发动战争，导致社会秩序混乱，民不聊生。在这样的背景下，孔子认为只要人们遵守周初建立的礼法秩序，天下就能太平。所以孔子一生致力于恢复周礼，强调通过学习来提升个人品德，以实现社会的安定有序。他周游列国，传播儒家思想，希望能够以礼治国，使社会回归稳定与文明。“从心所欲不逾矩”不仅是对个人修养的极致追求，也是对理想社会状态的向往。孔子认为，一个人的修养达到一定境界后，能够在内心自由的基础上，自觉遵守社会规范和道德准则，不会做出逾越规矩的事情。

非礼勿视，非礼勿听，非礼勿言，非礼勿动。

出处

《论语·颜渊》

译文

违反礼的事不看，违反礼的话不听，违反礼的话不说，违反礼的事不做。

解读 这句格言深刻地揭示了遵守社会的礼制规范是提升人的德行修养的重要路径。

通过严格遵循“礼”的教导，人们能够有效地约束自己的行为，避免不当之举。遵循“礼”的过程就是提升个人道德品质和精神境界的表现。

这句格言虽从人们的视、听、言、动强调遵守礼的规范，但同时也提供了一个普遍的处理人际关系的基本准则。也就是在交往中，只要以礼相待，就是对他人的尊重，这样就能建立起和谐的人际关系。

这一思想不仅适用于个人的日常生活，还在更广泛的社会伦理关系中发挥着重要的指导作用，尤其在网络日益发达的今天，这句格言有着重要的现实指导意义。

视觉、听觉上，当前发达的网络媒体给人们带来了海量信息，某些不健康、不理性的内容也充斥其中。人们应做到“非礼勿视”“非礼勿听”，不浏览、收听不良信息和言论，即使是有益的信息，也不能以牺牲身体健康为代价长时间观看、收听。在言论上，人们不要认为网络是法外之地，任意在网络上攻击、诽谤、侮辱他人，要自觉做网络文明公民。这不仅有助于培养和展现个人的道德修养，更有助于社会的和谐与稳定。

人们在日常生活中只有不断进行自我反省，努力提升自己的道德水平，才能使行为举止符合社会道德规范，成为有责任和道德的公民。

拓展阅读

在中国古代社会，礼仪与音乐扮演着至关重要的角色。礼仪的核心功能在于维护社会秩序。从古代社会的等级制度到日常生活中的人际互动规范，礼仪无处不在。在古代，君臣、父子、夫妻之间都遵循着严格的礼仪规范。音乐的作用在于安抚人心。音乐具有强大的感染力，它能通过旋律、节奏和歌词等元素深入人们的内心世界。在古代，不同的场合会使用不同的音乐。当社会中的每个个体都能按照礼仪的要求行事，整个社会就会呈现出一种稳定的状态。在这种稳定的社会环境下，人们安居乐业，各行各业都能够有条不紊地发展。

木受绳则直，金就砺则利。

出处

《荀子·劝学》

译文

木材经过墨线的校正就能变直，刀剑等金属制品在磨刀石上磨过就能变得锋利。

解读 这句格言以木材接受墨线校正、磨刀石打磨金属制品为例，说明了遵守道德行为规范和社会准则对个人健康成长的重要性。

“木受绳则直”指木材原本可能不笔直，但通过使用墨线进行测量和校正，就可以使其变得笔直。这里，“绳”代表了一种标准和规范，木材接受这种标准的约束，从而实现了自身形态的改变和完善。

“金就砺则利”指金属刀具通过在磨刀石上磨砺，可以去除钝滞，变得锋利无比。“砺”作为磨刀石，象征着磨砺和挑战。而金属刀具在经历这一过程后，其功能和价值得到了显著提升。

这句格言说明事物在外界积极因素的影响下，能够改变、提升自身的品质。人在成长过程中也需要不断学习，接受正确价值观的引导，不断磨砺自我、提升能力，从而向着更高的目标迈进。春秋时期，越王勾践被吴王夫差打败后到吴国做奴仆。为了铭记耻辱、复兴越国，勾践每天睡在坚硬的木柴上，还在房梁上吊一颗苦胆，吃饭和睡觉前都要品尝一下。他通过这种方式磨炼意志。回到越国后，勾践体察民情，让百姓安心生产，同时加强训练军队。经过十年的艰苦奋斗，勾践亲率军队击败吴国。勾践的成功正是不断磨砺意志、矫正为君之道的结果。

社会主义核心价值观是当代中国人最好的“准绳”和“磨刀石”，为人们提供了明确的行为准则，

既能指引人们磨砺品德，又是引领社会风尚的风向标。只要人们积极践行社会主义核心价值观，必能有力推动全面建成社会主义现代化强国，实现中华民族伟大复兴。

拓展阅读

人无精神不立，国无精神不强。社会主义核心价值观能够为中华民族伟大复兴提供强大精神支撑。习近平总书记指出：

中国古代历来讲格物致知、诚意正心、修身齐家、治国平天下。从某种角度看，格物致知、诚意正心、修身是个人层面的要求，齐家是社会层面的要求，治国平天下是国家层面的要求。我们提出的社会主义核心价值观，把涉及国家、社会、公民的价值要求融为一体，既体现了社会主义本质要求，继承了中华优秀传统文化，也吸收了世界文明有益成果，体现了时代精神。

富强、民主、文明、和谐，自由、平等、公正、法治，爱国、敬业、诚信、友善，传承着中华优秀传统文化的基因，寄托着近代以来中国人民上下求索、历经千辛万苦确立的理想和信念，也承载着我们每个人的美好愿景。我们要在全社会牢固树立社会主义核心价值观，全体人民一起努力，通过持之以恒的奋斗，把我们的国家建设得更加富强、更加民主、更加文明、更加和谐、更加美丽，让中华民族以更加自信、更加自强的姿态屹立于世界民族之林。

上为天子而不骄，下为匹夫而不惛❶。

出处

《吕氏春秋·本生》

注释

❶ 惛（mèn）：通“闷”，忧闷。

译文

当一个人地位高至天子时，他不会骄傲自大；当他地位低至平民百姓时，他也不会感到忧闷。

解读 这句格言强调了无论身处何种地位都应保持内心的平和与谦逊的心态，不被外物所迷惑。

在战国时期，权力争夺异常激烈，许多人在获得权力后往往骄奢淫逸，沉迷于物欲的享受，而在失去权力时则郁郁寡欢。吕不韦提出的“全德之人”，则是达到超越权力得失的道德境界的人。无论身处高位还是低位，都保持内心的平和与道德的完善，不贪求物质的享受，这是一种高尚的人格追求。

“上为天子而不骄”，意味着即使身处权力的巅峰，也应保持谦逊，不自高自大，不被外物所迷惑，要以身作则，以保全民生为己任。历史上，唐太宗李世民就是一个典型的例子。他在位期间，广纳贤才，虚心纳谏，开创了贞观之治的盛世。他的成功得益于他能够时刻保持清醒，不被权力冲昏头脑，真正做到了“不骄”。

“下为匹夫而不惛”则强调即使身为普通百姓，也不应因获得物质财富之艰难而忧闷，而是应该保持积极乐观的心态，努力提升自己的德行修养，以保全生命之本真。孔子就是一个很好的典范。孔子曾说“吾少也贱”，但他从未因此而气馁，反而勤奋学习，广收门徒，最终成为儒家学派的创始人。

人无论是在高位还是低位，都能保持内心的平和与谦逊，不仅是一种美德善行，还能为其他德行的修养和自身境界的提升提供好的指引。始终保持内心的平和与谦逊，就有了不卑不亢的心态，不会被外人的褒贬所干扰；有利于保持自己的道德原则和行为准则，不被外界的权势所动摇；就不会去破坏社会规范和从事违背公序良俗的事情。

人们在追求事业成功的同时，更要注重道德的修养和内心的平和，始终保持谦虚和积极学习的心态。要学会不因功名利禄大小多寡而改变自己的道德标准和行为方式。这不仅是对个人品德的提升，也是对理想人格的追求。

拓展阅读

《吕氏春秋》是战国末期吕不韦组织门客编撰的一部重要著作。《吕氏春秋》吸收各家比较积极进步的思想，具有博众家之长而融合之的特色。《吕氏春秋》吸收道家虚静无为的思想，将其应用于治国理政的政治理念；主张借鉴儒家的仁义孝悌之道实现社会秩序的稳定；借鉴吸收墨家尚贤、兼爱之说；肯定法家法度建设和变法的必要性，但认为法家阴谋权术是治国中不可取的。难能可贵的是，《吕氏春秋》否定了商鞅确立的重农抑商政策，提出重农并不排商、先农后商的主张，批评了只讲强国不讲道义的霸道思想。

欲知平直，则必准绳；欲知方圆，则必规矩。

出处

《吕氏春秋·自知》

译文

要想知道是否平直，就必须借助水准墨线；要想知道是否方圆，就必须运用圆规矩尺。

解读 这句格言中的“准绳”和“规矩”，原本指先民们在生产和生活中为确保物的平直和方圆所使用的水准墨线和圆规矩尺，后来逐渐引申为人类生存发展中所需的各种各样的标准、原则、准则、法度。

这句格言原来强调领导者要自知，不能自以为是，不要让身边小人的阿谀奉承蒙蔽自知之明，必须采纳直言之人的劝谏。后来这句格言拓展了适用范围和对象，强调了为人处世、治国理政中尊重规律、准则、规则和标准的重要性。

孟子说：“不以规矩，不能成方圆。”（《孟子·离娄上》）为人处世必须遵循一定的法则或标准才能有所成就。人类社会的发展已经证明，无论是个人行为还是国家治理，都需要有一定的规则和准则来引导和约束。孟子认为在治理国家方面，需要遵循一定的规范和法则。他提倡以尧舜之道为规矩，施行仁政，实现天下太平。无论是为人处世还是国家治理，为了避免利益的冲突和矛盾，都需要有一定的规范和制度，这样才能确保人际关系的和谐和社会的有序。

在生活和工作中，要想把一件事情做到极致和完美，就必须依靠科学的准则和规范。相传，鲁班在修建双凤台寺庙时，正是因为有了规和矩的帮助，才能顺利设计出精巧的建筑结构。

韩非子提出“万物莫不有规矩”（《韩非子·解老》），即任何事物发展和运行都有规律和准则。在人们的日常生活中，规矩无处不在、无时不在：家庭中有家规，各行各业有行规，国家层面有法律法规。正因为有了规则和法度，人们才能形成正确的自我认知，最终合理地引导自己的行为。

做人做事要遵循一定标准、规则和法度的原则，对后世产生了深远影响，成为中国传统文化中关于规范和秩序的重要理念。正是在这一理念的影响下，中华民族遵循人类生存发展的法则，生生不息，延绵至今。

拓展阅读

《吕氏春秋·自知》论述了君主不要自欺欺人，要听取谏言，了解自己的过失，要有自知之明。人要做到自知是很难的，尤其是君主。而自知又是存亡安危的关键，“存亡安危，勿求于外，务在自知”。《吕氏春秋》以掩耳盗铃的故事，批评了君主恶闻其过的自欺欺人的行为；为君主指出了认识自己过失的方法，“人主欲自知，则必直士”，认为直士就像规矩准绳那样，可以矫正君主的过失。最后，通过翟黄“上顺乎主心以显贤者”的做法，说明了直士向君主进谏时宜讲求方法。

君子不失足于人，不失色于人，不失口于人。

出处

《礼记·表记》

译文

君子的举止要不失体统，仪表要保持庄重，言语要谨慎。

解读 这句格言强调了君子在社交场合中遵守言行举止规范的重要性，对君子的行为提出不失足、不失色和不失口三条要求。

中国古人的言行举止有具体的规范。在社交场合中应遵守这些规范，举手投足之间应给人有德行修养的印象。君子应该注重自己的仪表和言行，说话要掌握分寸，做事要沉着稳重。

“不失足于人”，指的是在与他人相处时，要遵守礼仪，尊重对方，避免行为不检点或损害他人利益。“不失色于人”，指的是在他人面前，要保持端庄的仪态，控制情绪，避免因情绪波动而失态，尤其在面对不愉快的情况时，要保持冷静和平和。“不失口于人”，则是指对他人说话要谨慎，考虑听者的感受，避免说伤人的话或做出轻率的承诺。

在现实生活中，当人们面对家庭成员或挚友时，思想、行为状态是最放松、最自由的，越是在这种状态下显现的言行举止，越能体现一个人的品行。为人父母者，在生活中遵守言行举止的礼节规范，会潜移默化地影响孩子。所以，身教大于言传，父母应在孩子面前展现良好的道德修养。

这句格言还体现了儒家文化对个人品德和社交礼仪的重视，强调了君子在人际交往中应保持的风度和修养。诸葛亮在《诫子书》中写道：“夫君子之行，静以修身，俭以养德。”君子不仅要注重自己的内在修养，还要在外在行为举止中体现出从容、不卑不亢的态度，保持稳重和谦和的形象，以良好的德行修养去面对他人，从而建立更和谐的人际关系。《论语·子罕》记载："子见齐衰者、冕衣裳者与瞽者，见之，虽少，必作；过之，必趋。"孔子会见穿戴丧服的人、戴着礼帽穿礼服的公务人员、盲人，即便比自己年轻，也一定会起立相迎。如果经过这些人身边，一定躬身轻步疾走而过。这足见孔子德行修养之高尚。

无论何时何地，人们若能做到"不失足于人，不失色于人，不失口于人"，人际关系必定和谐，社会必然进步。

拓展阅读

《诫子书》开篇即阐述："夫君子之行，静以修身，俭以养德。"这是对君子人格的精辟概括。"静"不仅指外表的沉稳，更强调内心的平和与镇定。诸葛亮认为，只有在平和的心态下，人才能有效地修身养性，提升自我。而"俭"则是对生活的严格要求。节俭不仅是一种美德，更是一种培养品德的方式。节俭可以让人更好地控制自己的欲望，从而塑造出不为外物所累的人性美德。随后，诸葛亮写下了"非淡泊无以明志，非宁静无以致远"的经典格言，强调平和心态是实现远大志向的前提条件。只有保持淡泊名利的心态，人才能不被外物所迷惑，才能坚守自己的志向；而只有获得内心的宁静，才能使人明确自己的目标，才能为达到既定目标适时调整心态。

智者不为非其事，廉者不求非其有。

出处

西汉·韩婴《韩诗外传》卷一

译文

聪明的人不做他不应做的事，廉洁的人不追求他不应得的财物。

解读 “智者不为非其事，廉者不求非其有”强调了智者和廉洁的人坚持不做分外之事、不贪意外之财。

智者，能分清是非善恶，懂得道德、礼制、规范的重要性；能够独立思考，不盲从，不被外物所迷惑；有一颗仁爱之心，勇于担当责任。智者正是因为具有这些优点，所以明白自己的责任和界限，不会去做超出本分的事情，只做道义之事。

廉者，淡泊名利，视名利为身外之物，追求精神的富足，不迷失在虚荣和浮华中；不以自我为中心，大公无私，做事公正，不偏不倚，不受个人情感或私利的影响；秉持公正原则，处理事务确保符合大众利益；能够严格控制自己不涉足腐败。廉者正是因为具有这些优点，所以坚持清清白白做人的底线，不会贪求不属于自己的财物。

这句格言被广泛引用，用以教诲人们如何做人做事、修身养德。它强调个人应当讲求仁爱廉洁，不做违背道义的事，不贪图不义之财。春秋时期，宋国司城子罕清正廉洁，受人爱戴。有人得到了一块宝玉，请人鉴定后拿去献给子罕。子罕拒不接受，说：“您以玉为宝，而我以不贪为宝。如果我接受了您的玉，那我们就都失去了各自的宝物，倒不如我们都有自己的宝物。”子罕的清廉和高尚品德得到了人们的广泛赞誉。子罕此举生动地诠释了“智者不为非其事，廉者不求非其有”的道理。

这句格言提醒人们，在人生的道路上，要时刻保持清醒的头脑和坚定的信念，不为外物所惑，不为私利所动，始终坚守自己的原则与底线。只有这样，人们才能在纷繁复杂的世界中保持一份难得的清醒与超脱，成就非凡的事业与人生。

智、廉是中华民族自古以来所认定的高尚品质。这些高尚的品质要从小开始培养，从日常小事做起、从点点滴滴做起。我们要把智者和廉者的优点、习惯贯串于学习、生活的一言一行之中。

拓展阅读

在古代，廉洁被视为官员的基本品德之一。包拯是北宋时期著名的清官，他为官清廉，执法严明，从不接受贿赂和不义之财。包拯在开封府任职期间，严格执法，惩治了许多贪官污吏，深受百姓的爱戴和尊敬。海瑞是明朝时期的清官，他一生清贫，严格自律，从不贪图享乐。在任淳安知县期间，他大力推行改革，惩治贪污腐败，关心百姓疾苦，得到了百姓的拥护。包拯和海瑞的事迹被后人广为传颂，成为后世廉洁奉公的楷模。

良贾深藏若虚，君子盛德，容貌若愚。

出处

西汉·司马迁《史记·老子韩非列传》

译文

优秀的商人总是隐藏其货物，如同什么东西都没有；君子品德高尚，而外表却显得愚笨。

解读 这句格言通过优秀商人和盛德君子的外在表现，揭示了保持谦逊低调的态度，注重内在的修养和积累才是人之正道。

“良贾深藏若虚”，指精明、优秀的商人，通常都谦逊、内敛，不张扬财富，以避免他人觊觎和嫉妒，这是保护个人财富的有效办法。另外，精明、优秀的商人深知，获得财富的真谛不仅在于物质的积累，更在于赢得消费者的信任。因此，他们不以炫耀为能事，不以张扬为荣光，而是专注于用心经营。中国历史上被世人尊称为“商圣”的范蠡就是“良贾深藏若虚”的典型代表人物。

“君子盛德，容貌若愚”，指一个道德高尚的人内心纯净、意念真诚，这是一种内在的修养。真正的有德之人，内心充满了智慧和德行，但仍保持内心的平和与宁静，从不炫耀自己的德行和能力，如同智者深藏不露，以谦虚忍让来保持内心的平静和德行的纯洁，给人一种愚笨的外在形象。然而，这种“愚笨”并非无知，而是一种大智若愚的境界。这种超然物外的崇高境界，必须通过坚守内心德行才能达到。

孔子当年周游列国时，曾被不了解他的人看作“累累若丧家之狗”。孔子听说后说道：“形状，末也。而谓似丧家之狗，然哉！然哉！”这不仅表现了孔子的自嘲和乐观豁达，更展现了孔子谦虚和宽容的德行。其实在当时，了解孔子的人已把孔子称为“天纵之圣”“天之木铎”了。

良贾和盛德之人不将外在的富贵、荣誉和地位视为追求目标，而是更加注重内心的宁静与品德的完善。正如老子所言：“上善若水，水善利万物而不争。”（《老子》第八章）这句话表现了水的至柔至刚，以及以无形胜有形的智慧。君子如同水一般，能够适应各种环境，既柔软又坚韧，以无形的力量影响着周围的一切。

今天，这句格言对个人修养仍有指导意义，它提醒人们要保持内心的平静和谦逊，不要被外在的虚荣和功利所迷惑。

拓展阅读

范蠡是中国早期商业理论家，被尊称为“商圣”，在辅佐越王勾践复国后归隐。范蠡虽出身贫寒，但上晓天文、下识地理，聪敏睿智、韬略满腹。范蠡用卑微的言辞和丰厚的礼物向吴王夫差求和，并陪同勾践夫妇在吴国为奴三年。回到越国后，范蠡见到德才貌兼备的西施，让西施献身吴王，使吴王沉迷女色，不理朝政。西施为越灭掉吴提供了重要的情报信息。

越灭掉吴后，范蠡急流勇退，辗转来到齐国。之后他垦荒种地，兼营副业并经商，数年内就积累了数千万家产。范蠡把千万家产施舍给乡邻。范蠡在经商之路上始终保持谦虚低调的风范，从不张扬，始终与百姓生活在一起，体现了崇高的道德境界。

名节重泰山，利欲轻鸿毛。

出处

明·于谦《无题》（其一）

译文

人的名誉和节操比泰山还要重，而个人私利与欲望比鸿毛还要轻。

解读 这句格言强调了名誉和节操远比私利和欲望重要，体现了一种高尚的价值观和人生态度。

“名节重泰山”意味着把个人的名誉和节操看得比泰山还重。泰山，自古以来就代表着稳重、庄严和崇高。将名节比作泰山，显示了古人对品德和气节的极度重视，认为这是一个人安身立命的根本。

在古代社会，一个人的名节往往决定了他的社会地位和人际关系。因此，古人愿意为了维护自己的名节而付出巨大的牺牲。

“利欲轻鸿毛”，则表明了对利益和欲望的轻视。鸿毛，即大雁的羽毛，轻盈而微不足道。在这里，利益和欲望被比作鸿毛，强调了利欲在古人心目中的渺小和无关紧要。古人认为，过分追求利益和欲望会让人失去理智，损害名节，因此应当加以克制。

通过对比，于谦强调了一个人应当重视自己的名节，将其看得比任何利益和欲望都重要。汉代出使匈奴的苏武，不畏匈奴单于的威逼利诱，始终坚守对汉朝忠诚的气节，绝不背叛自己的国家。即使被流放到极端艰苦的北海牧羊，历经十九年的漫长岁月，苏武都不曾丢弃代表汉朝的旄节。这种气节不仅体现了他“名节重泰山，利欲轻鸿毛”的高尚人格，更表现了一个爱国者为祖国甘愿奉献一切的精神。

在当今社会，这句格言依然具有重要意义。随着科技的进步和社会的发展，人们面临的诱惑越来越

多，竞争压力也越来越大。如何在这样的环境中保持自我，不被外界所左右，成为一个值得深思的问题。这句格言提醒我们，无论时代如何变迁，对名节的尊重、对利欲的淡泊，始终是衡量一个人精神境界的重要标准。

在面对各种诱惑和挑战时，人们要以名誉和节操为重，遵守法律法规和道德规范，不为利欲所动摇，做一个有道德、有纪律、有责任担当的人。

拓展阅读

于谦，字廷益，号节庵，浙江钱塘（今杭州）人。他自幼聪慧，志向远大，刻苦攻读诗书，尤其对历代忠臣义士充满敬仰，立志要成为一名报效国家、为民请命的忠良之臣。于谦生活在明朝中期，国家动荡、朝政腐败。在这样的背景下，于谦提出了“名节重泰山，利欲轻鸿毛”的理念，强调个人名誉和气节的重要性，认为它们比任何物质利益都要珍贵。这一思想在于谦的一生中得到充分体现。他不畏强权，勇于担当，以国家大局为重。于谦在担任地方官期间，廉洁奉公，勤政爱民，深得百姓的爱戴。他积极整顿吏治，打击豪强，为百姓办了许多实事。在担任兵部尚书期间，他展现出了卓越的军事才能和政治智慧。在土木堡之变后，明朝面临严重的危机，于谦挺身而出，亲自指挥军队打退了瓦剌的进攻，维护了国家安全。

后记

“中华传统美德格言集萃丛书”的编纂出版，得到了山东省委宣传部的大力支持。山东省委常委、宣传部部长白玉刚对本丛书高度重视，提出明确要求；省委宣传部副部长张同海统筹指导丛书编写工作，省委宣传部文化传承发展处进行具体指导并审改了书稿。

曲阜师范大学党委书记邢光，党委常委、副校长李兆祥，党委常委、纪委书记陈丙波进行了具体统筹协调，调配了马克思主义学院、历史文化学院、孔子文化研究院、美术与书法学院等校内各单位的力量，充实到写作团队中。孔子文化研究院王钧林教授和颜炳罡教授、历史文化学院姜开勇书记、马克思主义学院孙迪亮院长和陈庆国书记对丛书编写都给予了有力指导。

丛书编纂团队共八名成员，成积春教授、宋立林教授担任主审，任松峰编著《崇德之道》，王汉苗编著《做事之道》，王德成编著《做人之道》和《待人之道》，蒋开天编著《持家之道》，齐高龙、任松峰编著《爱国之道》，徐佰义编著《和合之道》。编写过程中，团队成员密切配合，通力协作，高质高效完成工作任务，本书得以顺利出版。同时，本书的编写出版还得到了济宁市委宣传部、济宁医学院、有关专家学者、山东文艺出版社董国艳编辑团队的鼎力支持，在此，一并表示感谢。

从书参阅的中华典籍种类多、范围广，尽管做了充分收集与查阅，但鉴于编者学识能力所限，难免有不足或失当之处。加之中华传统美德博大精深、深邃厚重，编者辑选的格言仅仅是其中很小的一部分，是否精当也尚待检验。敬请批评指正。

编　者

2025 年 3 月